CHEAP & CHIC

LONDRES à petits prix

FRÉDÉRIQUE ANDRÉANI

L'AUTEUR

Journaliste depuis 1996, Frédérique Andréani est la correspondante du *Point* à Londres, ainsi que la créatrice du magazine Internet londonien www.chiclondres.com, consacré aux lieux et aux personnes qui font de la capitale un endroit unique, avec de nombreuses interviews de personnalités telles que Nicolas Anelka, Vincent Cassel ou Hélène Darroze. Elle a également collaboré à de nombreux journaux et magazines tels que *Libération*, *ELLE* et *La Tribune*. Elle a produit et réalisé des documentaires diffusés sur Arte. Née à Paris, Frédérique a étudié l'histoire à la Sorbonne et les sciences politiques à l'Institut d'Études Politiques de Paris (Sciences-po) ainsi que le journalisme au Centre de Formation des Journalistes de Paris (CFJ). Elle vit à Londres depuis 1999 avec ses deux petites filles Galliane et Blanche, et Lallie la boxer.

CHEAP & CHIC
LONDRES À PETITS PRIX

2e édition

12 avenue d'Italie, 75627 Paris Cedex 13
☎ 01 44 16 05 00

Dépôt légal
Mai 2013
ISBN 978-2-35219-122-3

Direction Frédérique Sarfati-Romano

Direction éditoriale Didier Férat

Coordination éditoriale Julie Pomme Séramour

Prépresse Jean-Noël Doan

Fabrication Céline Premel-Cabic

Conception graphique et maquette
Nelly Riedel

Couverture Stéphane Rébillon

Cartographie AFDEC (Florence Bonijol, Bertrand de Brun, Martine Marmouget, Catherine Zacharopoulou)

Merci à Dolorès Mora et Nicolas Benzoni pour leur travail sur le texte.

Remerciements London Underground Map © Transport for London 2011

En Voyage Éditions
place des éditeurs

Photographies Frédérique Andréani, à l'exception de : © Royal Academy of Arts p. 65 ; © Lisa Barber p. 70 ; © Giles Barnard p. 104, p. 151 ; © Anne-Marie Briscombe p. 108 (gauche), p. 146, p. 155 ; © Pawel Libera p. 140 (bas) ; © Blitz Party p. 158. Toutes les photographies des adresses de ce guide ont été fournies par les établissements mentionnés, sauf : © Frédérique Andréani p. 48 (bas), p. 49, p. 50 (droite), p. 51 (droite), p 52, p. 53 (droite, gauche), p. 54 (droite), p. 58 (droite), p. 69 gauche, p. 73 (droite), p. 74, p. 80, p. 81, p. 83 (bas), p. 86, p. 87, p. 97, p. 98, p. 99 (bas), p. 103 (milieu, droite), p. 113 (bas), p. 120 (droite). L'éditeur remercie les établissements qui lui ont fourni des photographies.

Photographies de couverture
Haut : © Eric Nathan/Gettyimages
Bas : © Medio images/photodisc
4e de couverture, de gauche à droite : Frédérique Andréani

Imprimé par Loire Offset Titoulet
Saint-Étienne, France

Humeur londonienne

“Quand un homme en a assez de Londres, c’est qu’il en a assez de la vie”, déclarait en 1777 le journaliste Samuel Johnson à son biographe, James Boswell. Près de deux siècles et demi plus tard, cette phrase n’a pas perdu de sa pertinence, tant la capitale britannique continue de charmer et d’envoûter ses visiteurs.

Multiculturelle, mais au caractère *british* toujours marqué ; ultradynamique, mais étonnamment relax ; tournée vers l’avenir, mais riche d’une histoire que l’on découvre à chaque coin de rue ; créative, mais traditionnelle... Londres est une ville de contrastes aux attraits multiples. Il n’y a rien, ou presque, que l’on ne puisse y faire. Du fait de sa diversité, chacun peut y trouver “son” Londres, qu’il s’agisse du cœur de la ville, animé 24h/24, des morceaux de campagne que constituent Hampstead ou Richmond, des quartiers ultrabranchés de l’East End ou des charmants villages urbains, comme Notting Hill.

Mais l’un des grands attraits de Londres, ce qui en fait une ville si vivante et agréable, se trouve aussi dans sa population – un melting-pot de plus de 300 nationalités (dont 400 000 Français) –, et dans son style de vie, à la fois dynamique et incroyablement tolérant. Car à Londres, chacun est libre d’être qui il veut, de s’habiller comme il veut, de vivre sa vie comme il l’entend, sans être jugé ou regardé de travers.

Londres est une ville pleine de charme, avec ses petites maisons colorées, ses boutiques excentriques, ses jardins où il fait bon se balader : une ville à la fois proche et lointaine, familière et dépaysante, où l’on se sent facilement à l’aise et où l’on oublie vite le mauvais temps occasionnel tant l’humeur y est positive.

LE COMBLE DU CHIC

- Dénicher des tenues vintage Yves Saint Laurent ou Céline au magasin de la Croix-Rouge à Chelsea, l'un des mieux achalandés de la capitale grâce au fort taux de concentration de grandes dames riches dans le quartier.
- Assister à un match de polo au club privé Hurlingham, le plus sélect de Londres (accessible aux membres parisiens du Cercle de l'Union interalliée ou du Polo Club), ou au tournoi Cartier, ouvert à tous, à Windsor le dernier week-end de juillet, auquel la reine ou le prince Charles assistent tous les ans.
- Rapporter une tenue créée par les nouveaux créateurs de mode britanniques pour des marques de grande diffusion, tels Giles Deacon pour New Look ou Mary Katrantzou pour Topshop, pour moins de 100 €.
- Écouter un opéra en plein air à Holland Park, le plus élégant des jardins publics londoniens, de début juin à mi-août (billet autour de 7 £ par personne, www.rbkc.gov.uk/operahollandpark).
- Arpenter les galeries d'art de Mayfair et en profiter pour aller jeter un coup d'œil aux enchères de Christie's et Sotheby's.
- Prétendre que vous comprenez les règles du cricket, le plus anglais des sports, et aller visiter Lord's, le très prestigieux stade qui se trouve dans le quartier de St John's Woods (visites organisées tlj à 12h et 14h. Adulte/enfant 14/8 £).

LE COMBLE DU CHEAP

- Faire son shopping mode chez Primark, la chaîne de mode ultracheap, où l'on trouve des vestes, robes ou manteaux "inspirés" des créations de grands stylistes pour moins de 20 €.
- Quand on sort, attraper le dernier "tube" vers 1h du matin, attendre le premier métro à 5h10, ou apprendre par cœur les trajets des bus de nuit, beaucoup moins chers que les taxis.
- Faire ses achats dans un supermarché (Asda, Lidl, Tesco ou Sainsbury's) mais emballer ses produits dans un sac des épiceries Selfridges, Harrods ou Fortnum & Mason.
- Assister aux concerts et spectacles gratuits organisés par les différentes organisations publiques ou privées de la ville.
- Manger un curry pour moins de 5 £ à Brick Lane, le quartier bangladais, ou à l'Indian YMCA, une auberge de jeunesse indienne dans le centre de Londres.
- Commander de la *tap water* (eau du robinet) quand on sort au restaurant, plutôt que de se faire apporter une bouteille d'eau minérale.
- Dans les chaînes de cafés et les sandwicheries (Café Nero, Costa, Prêt-a-Manger, Eat), privilégier l'option "à emporter" (*take away*), moins chère que la consommation sur place.

10 ASTUCES DE BASE POUR VOYAGER MOINS CHER À LONDRES

POUR SE RÉGALER AUX MEILLEURES TABLES : une grande majorité de restaurants – y compris les étoilés du Guide Michelin – proposent des menus à prix fixe le midi, en général du lundi au vendredi (le week-end également pour les plus généreux). On peut ainsi y savourer trois plats pour le prix moyen d'une entrée à la carte.

POUR MANGER À PETIT PRIX... MAIS CHIC QUAND MÊME : les Londoniens sont de grands amateurs de pique-nique, une activité d'autant plus populaire que les pelouses des parcs et des jardins publics sont toujours autorisées.

POUR PROFITER DES MUSÉES SANS UN SOU EN POCHE : tous les musées nationaux, parmi lesquels les fleurons culturels que sont le British Museum, la Tate et la National Gallery, sont ouverts gratuitement au public, seules certaines expositions temporaires étant payantes.

POUR SE DÉPLACER MOINS CHER : investissez dans une Oyster Card, une carte de transport valide dans tout Londres, qui permet d'économiser jusqu'à 70% du prix des billets à l'unité. Le principe : vous la créditez d'un montant au choix, et le tarif correspondant au trajet est débité à chaque utilisation (www.oyster.tfl.gov.uk).

POUR ALLER AU SPECTACLE : profitez des tarifs réduits proposés par certaines enseignes. Tkts, situé sur Leicester Square, vend des billets à moitié prix ou à prix réduit le jour de la représentation, et parfois jusqu'à une semaine à l'avance. C'est l'option la plus sûre (www.tkts.co.uk).

POUR FAIRE SON SHOPPING SANS CULPABILISER : les soldes londoniens (de fin décembre à début février et de fin juin à début août) permettent de bénéficier de remises allant jusqu'à moins 80%. La chaîne de solderies TK-Maxx offre toute l'année jusqu'à 60% de réduction sur des marques comme Chloé ou Burberry.

POUR SE LOGER SANS SE RUINER : les Bed & Breakfast sont en général moins chers que les hôtels. Ceux qui préfèrent cette dernière solution trouveront des réductions sur une grande variété d'établissements en visitant des sites Internet comme www.london-discount-hotel.com, www.londonnights.com et www.booking.com.

POUR PROFITER DU LUXE DES GRANDS HÔTELS : le Berkeley, le Connaught, le Claridge's... Autant d'établissements qui font rêver, mais difficilement accessibles pour les non-millionnaires. À défaut d'y résider, vous pourrez tout de même prendre un verre dans leurs bars, qui font partie des meilleurs de Londres.

POUR PROFITER DES ÉVÉNEMENTS GRATUITS : Assistez à la relève de la garde à Buckingham, ou à la cérémonie des clés de la tour de Londres, vieille de 700 ans (gratuite mais sur réservation bien à l'avance : www.hrp.org.uk/toweroflondon) ; ou prévoyez de venir lors des nombreux festivals londoniens, comme par exemple la Parade de Londres (le 1er janvier), le Festival de musique de la City et la Gay Pride (en juin) ou le Thames Festival (en septembre).

POUR TROUVER DES BONS PLANS : Profitez de sites de réductions tels que www.groupon.co.uk, www.lastminute.com ou www.discount-london.com, qui offrent des remises intéressantes sur les spectacles et les restaurants.

3 jours Cheap&Chic à LONDRES

JOURNÉE 1

MATINÉE AU CŒUR DU POUVOIR

Commencez par **Westminster** (Big Ben, le Parlement et l'abbaye, p. 65) puis remontez **Whitehall** (p. 66) en passant par Downing Street. Arrêtez-vous pour prendre un café à **Inn the Park** (p 69) dans St James Park, puis marchez jusqu'à **Buckingham Palace** pour assister à la relève de la garde (p. 64).

PICCADILLY CHIC

Baladez-vous dans **Green Park** (p. 18), puis rechargez vos batteries en commandant un brunch au très chic **Wolseley** (p. 68). Faites une visite digestive à la **Royal Academy** (p. 65) à Piccadilly, où vous pourrez boire un thé avant de repartir.

APRÈS-MIDI SHOPPING

Marchez jusqu'à **Piccadilly Circus** (p. 40) pour l'obligatoire photo-souvenir ; de là, remontez l'élégante **Regent Street** jusqu'à Oxford Circus en passant par les incontournables magasins **Hamleys**, **Liberty** et **Topshop** (p. 56). Sur le chemin, faites un petit détour par les ruelles animées de **Carnaby Street** (p. 40).

UN PEU DE CULTURE

Visitez la **National Gallery** (p. 42) sur l'imposante place de **Trafalgar Square** (p. 42), pour découvrir la plus grande et impressionnante collection d'art du pays. Puis traversez **Covent Garden** pour admirer le marché et l'opéra.

DÎNER ANIMÉ

Assistez à un spectacle en dînant au restaurant **Circus** (p. 46), très design, avant de retourner à **Soho** pour vous réchauffer en fumant le narguilé en terrasse chez **Momo** (p. 55) ou en prenant un mojito au **Floridita** (p. 51). Si le cœur vous en dit, allez ensuite danser au **Punk** (p. 161) !

JOURNÉE 2

COUP DE FOUDRE MATINAL

... pour le charmant **Notting Hill** (p. 78). Arpentez le **marché de Portobello** (p. 83), très animé le samedi, et les belles rues aux maisons colorées du quartier. Prenez un café à la brasserie de l'**Electric** (p. 79), avant de faire un petit tour à **Holland Park** et de déjeuner au gastropub **The Ladbroke Arms** (p. 78).

BALADE VERTE

Promenez-vous dans **Kensington Gardens** (p. 94) et **Hyde Park** (p. 94), en passant devant les villas de milliardaires de **Kensington Palace Gardens** (p. 95), puis sur les bords de la Serpentine et devant l'**Albert Memorial**, depuis lequel vous pouvez admirer le **Royal Albert Hall** (p. 93).

PAUSE CULTURE

À South Kensington, prenez au moins une heure pour arpenter les charmantes galeries du **Victoria & Albert Museum** (p. 92). De là, prenez le métro pour Knightsbridge.

UN PEU DE DÉMESURE

Visitez l'incontournable grand magasin **Harrods** (p. 103), temple de la consommation aussi impressionnant qu'il est démesuré : le mémorial Diana et Dodi, et le rayon pour chiens chics sont des musts ! Allez vous reposer après le bain de foule en prenant un *afternoon tea* très mode et rassasiant au luxueux **Berkeley** (p. 101).

SOIRÉE CHIC

Poussez jusqu'à Mayfair pour prendre un verre au **Sketch** (p. 69) ou au **Coburg Bar** du **Connaught** (p. 71) pour leur aspect design et chic, avant d'aller danser au **Mahiki** (p. 161), où vous apercevrez peut-être le prince Harry...

JOURNÉE 3

LONDRES S'ÉVEILLE

Dans la **City** (p. 124), mélangez-vous aux traders et autres financiers, en passant devant le building **"Gherkin"** (p. 131), puis par **Monument** (p. 130) et par la **cathédrale Saint-Paul** (p. 130). Au passage, prenez un petit-déjeuner à **Konditor & Cook** (p. 133) ou au **Café at St Paul's** (adjacent au restaurant, p. 132).

VIRÉE AU SUD

Traversez la Tamise en passant par **Millenium Bridge** (p. 139), pour visiter la **Tate Modern** (p. 139), et découvrir les docks reconvertis de **South Bank** (p. 136).

FAITES VOTRE MARCHÉ

... à **Borough Market** (jeudi-samedi), un superbe marché (p. 141) qui fera la joie des gourmets. Il s'agit d'un endroit parfait pour une pause-déjeuner. Puis repassez au nord, en traversant **Tower Bridge** (p. 129) : de là, visitez la **tour de Londres** (p. 128), ou admirez le château de l'extérieur.

EAST END BRANCHÉ

Marchez jusqu'à l'**East End** (p. 114), en passant par le beau marché aux puces de **Spitafields** (p. 117) et par le très coloré **Brick Lane** (p. 117). Les fous de shopping peuvent se régaler dans les boutiques de **Shoreditch** (p. 122), tandis que les amoureux d'art contemporain visiteront la **White Cube Gallery** (p. 115).

SOIRÉE TENDANCE

Les options ne manquent pas pour dîner : soirée cool à **Pizza East** (p. 119), exubérante aux **Trois Garçons** (p. 118) et fusion-chic au **Great Eastern Dining Room** (p. 118). Les fêtards ne seront pas en reste, dans cette partie de Londres jeune et ultratendance, où continuer la soirée.

JOURNÉE BONUS

OPTIONS D'ESCAPADES

Envie de vous aérer un peu ? Rejoignez **Hammersmith** (p. 150) puis, par bateau, découvrez les bords de la Tamise. Ou prenez le train vers **Greenwich** (p. 154) et visitez **Maritime Greenwich** (p. 155). À moins de rejoindre les grands espaces de **Hampstead Heath** (p. 109), et, pourquoi pas, par beau temps, de vous baigner dans l'un de ses **bassins** (p. 27).

DÉJEUNER CHAMPÊTRE

Options bucoliques : pique-niquer à Hampstead Heath – vous aurez fait votre marché à **Camden** (p. 108) avant –, déjeuner à Richmond au **Stein's** (p. 156) en bord de rivière ; ou, si vous avez préféré la visite de Greenwich, arrêtez-vous pour une pause au **Pavilion Tea House** (p. 157), au beau milieu du parc.

APRÈS-MIDI DÉTENTE

Selon l'option choisie, flânez au milieu des biches dans **Richmond Park** (p. 151) et visitez les **Kew Gardens** (p. 151) ; promenez-vous dans **Highgate Cemetery** (p. 109) ; visitez le **Cutty Sark** (p. 147) sur les quais de Greenwich. Revenez en fin d'après-midi vers le **West End** (p. 36).

SOIRÉE THÉÂTRE

Profitez d'un dîner "pré-théâtre" au **Dean Street Town House** (p. 45) ou chez **Imli** (p. 46) avant d'aller au spectacle que vous aurez réservé la veille au guichet de la compagnie **tkts** (p. 168), sur Leicester Square.

et pour plus de ...

"Culture"

SOMERSET HOUSE (p. 43) : une merveille architecturale et une très belle collection impressionniste. • BRITISH MUSEUM (p. 41) : un musée de superlatifs : la plus importante collection d'antiquités au monde et la plus grande verrière d'Europe. • FREEMASONS HALL (p. 42) : une curiosité culturelle, où découvrir le monde secret des francs-maçons. • BARBICAN CENTRE (p. 130) : le plus grand complexe culturel du monde, situé dans un immeuble laid mais iconique • WHITECHAPEL ART GALLERY (p. 117) : une belle galerie d'art contemporain, récemment rénovée. • SAATCHI GALLERY (p. 95) : le musée d'art contemporain de Londres, dans un beau bâtiment historique au sein de Chelsea. • NATURAL HISTORY MUSEUM ET SCIENCE MUSEUM (p. 92) : tous deux adjacents au V&A, ils sont particulièrement attrayants pour les familles. • SERPENTINE GALLERY (p. 94) : une petite galerie d'art, des expositions de grande qualité.

SHOPPING

NEAL'S YARD DAIRY (p. 58) : le temple du fromage artisanal de qualité *made in Britain*. • CATH KIDSTON (p. 59) : la boutique parfaite pour des cadeaux et souvenirs rétro-chics. • KURT GEIGER (p. 57) : destiné aux fashionistas ayant un faible pour les chaussures branchées de qualité. • ROUGH TRADE EAST (p. 123) : disques en tout genre, de toutes époques et collectors : un must pour les fans de musique. • AUBIN & WILLS (p. 122) : un magasin de mode qui fait aussi cinéma et galerie, à visiter pour son côté concept. • MUNGO & MAUD (p. 102) : recommandé pour les amoureux des chiens et des chats, fun et chic. • ROCOCO (p. 102) : des chocolats que l'on achète autant pour leurs ravissants emballages que pour leur qualité. • THE CONRAN SHOP (p. 103) : temple du design *british*, situé dans un superbe immeuble Art déco.

FÊTE

MADAME JOJO'S (p. 163) : un club au décor de maison close où l'on peut assister à un cabaret de drag queens. • RONNIE SCOTT'S (p. 164) : le temple du jazz londonien. • LOUNGELOVER (p. 120) : un bar au décor baroque totalement déjanté – pur génie ! • FLORIPA (p. 120) : pour réchauffer les nuits londoniennes aux sons brésiliens • SOIRÉES VINTAGE (p. 162) : des soirées comme on n'en fait plus (pour cause, elles s'inspirent d'époques révolues) où l'on recrée le passé au niveau déco, musical et vestimentaire. • NOTTING HILL ARTS CLUB (p. 160) : petit, grungy et plus branché que chic, mais réputé pour sa programmation pionnière. • PARADISE BY WAY OF KENSAL GREEN (p. 83) : un pub au décor excentrique, qui organise des soirées DJ très sympas où danser jusqu'au petit matin le week-end.

La Ville

de A à Z

AÉROPORTS
AFTERNOON TEA
ART CONTEMPORAIN
BURLESQUE
CIMETIÈRES
CLUBS PRIVÉS
COCKTAILS
COMÉDIES MUSICALES ET THÉÂTRES
ESPACES VERTS
FESTIVALS
GRANDS MAGASINS
HIGH STREET
HISTOIRE
INTERNET
LIDOS
LITTÉRATURE
MARCHÉS
"MODERN BRITISH"
MULTICULTURALISME
MUSIQUES POP ET ROCK
TAMISE ET CANAUX
TRANSPORTS

Aéroports

Cinq aéroports desservent Londres. Heathrow, l'aéroport le plus actif du monde en trafic international, dispose de cinq terminaux et est réservé aux lignes des compagnies régulières. Dans la plupart des cas, il est le plus accessible ; relativement proche du centre de Londres (25 km), desservi par le métro (Piccadilly Line) et par le Heathrow Express, un service de trains rapides qui relie l'aéroport à la gare de Paddington en quinze minutes, il est particulièrement pratique pour ceux qui se rendent dans l'ouest de Londres. Gatwick, situé à environ 45 km au sud de Londres, dessert des compagnies régulières mais aussi les charters et vols low cost. Il est desservi par le service de trains rapides Gatwick Express, qui relie l'aéroport à la gare de Victoria en 30 minutes. Construit en 1991 et particulièrement dynamique, Stansted, à 55 km à l'est de Londres, accueille les principales compagnies low cost. Le Stansted Express assure une liaison de l'aéroport à la station Liverpool Street, dans la City (à l'est de Londres) en 40 minutes. Luton, à 50 km au nord de Londres, est également réservé aux compagnies low cost, et abrite le siège international d'easyJet. De nombreux services de bus permettent de se rendre dans le centre de Londres. City Airport est situé à l'est de Londres, dans les Docklands, à seulement 10 km du centre, ce qui le rend particulièrement populaire auprès des hommes d'affaires, qui y bénéficient d'ailleurs d'un système d'enregistrement très rapide. Comme Heathrow, il est réservé aux compagnies régulières, avec une majorité de vols British Airways et City Jet (Air France-KLM).

Sans doute la plus attrayante des traditions culinaires anglaises.

Afternoon tea

Cette version raffinée du goûter s'est modernisée ces dernières années pour offrir d'originales variations au-delà des traditionnels scones à la crème et des sandwichs au concombre qui la caractérisent. Ce repas fort nourrissant offre aussi l'avantage de tester certains des restaurants les plus courus et coûteux de Londres, sans pour autant se ruiner. À noter en particulier : la version “chic et choc” proposée par Hélène Darroze (p. 68) au Connaught et la version très mode du Berkeley (p. 101). Bien que considéré comme typiquement anglais, le thé n'a fait son apparition en Grande-Bretagne qu'au XVIIe siècle, grâce à Catherine de Bragance, l'épouse portugaise de Charles II, qui l'a introduit à la Cour en 1661. La pratique de l'*afternoon tea* est née en 1840, grâce à la duchesse de Bedford, qui avait pris l'habitude de se faire servir à 16h, dans sa chambre, des tranches de pain garnies – elles-mêmes inventées peu avant par le comte de Sandwich – et des gâteaux. À partir de la fin du XIXe siècle, cette tradition s'est répandue auprès de l'aristocratie et de la grande bourgeoisie, les dames de l'époque, parées pour l'occasion de gants et de chapeaux, s'invitant les unes chez les autres pour ce repas, avant que les grands hôtels londoniens ne s'emparent de cette mode au début du XXe siècle. L'*afternoon tea* typique est composé de sandwichs au concombre, aux œufs et cresson et au saumon fumé, de scones accompagnés de marmelade et de crème fraîche épaisse originaire du Devon, et de gâteaux tels que le *Victoria sponge*, le tout servi sur un plat à trois étages. Cette tradition ne doit pas être confondue avec celle du *high tea*, le repas du soir jadis servi entre 17h et 18h dans les milieux ouvriers, composé de viande, poisson, œufs et biscuits accompagnés de thé. Si ce repas a aujourd'hui disparu, le terme de *tea* continue de constituer pour beaucoup un synonyme de dîner.

Londres a connu une multiplication du nombre de ses galeries.

Art contemporain

Quand *Vanity Fair* a dédié sa couverture à la “Cool Britannia” en 1997, le magazine new-yorkais ultrasophistiqué n’a pas manqué de faire figurer dans ses pages Damien Hirst, chef de file des *YBAs* (“Young British Artists”), star d’une génération ultraprovocatrice et médiatique de jeunes artistes conceptuels lancée en 1992, incluant Tracey Emin, les frères Jake et Dinos Chapman, Gavin Turk et Chris Ofili. Aujourd’hui, l’ex-enfant terrible du *Britart* s’est transformé en monstre sacré de l’art contemporain, sorte d’Andy Warhol (en plus prospère) de son époque, plus connu et reconnu qu’un Lucian Freud ou qu’un David Hockney, grands patriarches de l’art britannique moderne. Mais si tous ces anciens rebelles, aujourd’hui quadras multimillionnaires occupés à gérer leur fortune, font désormais partie de l’*Establishment*, il reste que leur influence a contribué à faire de Londres la plus grande capitale de l’art contemporain au monde avec New York. La foire de l’art Frieze, créée en 2003, s’est vite imposée comme un “must-go” pour tous les grands collectionneurs, devenant aussi populaire que la Fiac malgré son jeune âge, tandis que la capitale britannique a connu une multiplication du nombre de ses galeries. Elles sont principalement concentrées dans le quartier très branché de Shoreditch, à l’est de Londres, où l’on trouve les œuvres de jeunes artistes émergents, mais aussi autour du très chic quartier de Mayfair. Le galeriste new-yorkais Larry Gagosian, grand prêtre de l’art contemporain, ne s’y est d’ailleurs pas trompé, ouvrant deux espaces à Londres. La jeune génération d’artistes stars ayant succédé aux *YBAs* inclut notamment le pochoiriste Banksy et la taxidermiste Polly Morgan.

Une vogue qui s'était éteinte dans les années 1940.

Burlesque

Les États-Unis ont produit Dita von Teese, mais la Grande-Bretagne détient sa propre star du burlesque en la personne d'Immodesty Blaise, l'imposante star *made in England* de ce nouvel art du strip-tease glamour, inspiré des vamps des années 1950. Que ce soit dans le West End commercial, dans l'East End branché ou même dans la traditionnelle City, les spectacles de burlesque – et de cabaret, de manière générale – se sont multipliés ces dernières années, relançant ainsi une vogue qui s'était éteinte dans les années 1940. Ils s'imposent du même coup comme l'un des spectacles favoris des Londoniens. De nombreux clubs spécialement dédiés à l'art du cabaret (danseuses burlesques, mais aussi magiciens, contorsionnistes, travestis, chanteurs...) ont ainsi ouvert, offrant une formule populaire qui combine cocktails, dîner, spectacle et soirée DJ, de 20h à 3h du matin. La clientèle est plutôt jeune (25-45 ans) et aussi féminine que masculine, l'art du burlesque, coquin mais élégant, plaisant particulièrement aux Londoniennes. Le Tassel Club, un groupe de danseuses burlesques, est particulièrement recommandé pour la qualité de ses performances. Parallèlement aux spectacles, la popularité du burlesque a inspiré la création de nouvelles marques de lingerie (Agent Provocateur, What Katie Did, Bordelle, Nichole de Carle, Mimi Holliday...), devenues très tendance, avec pour conséquence des ventes records de corsets !

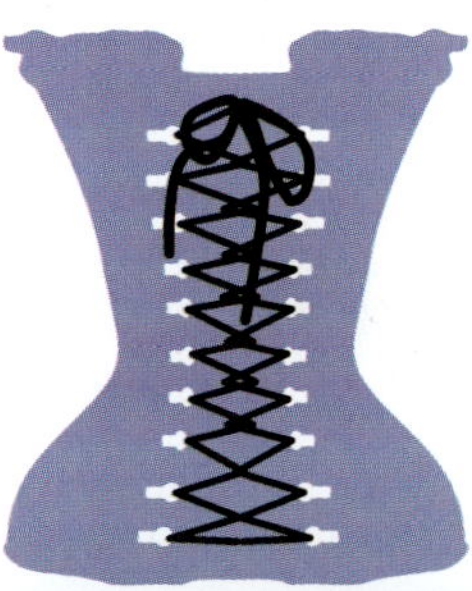

Cimetières

Tout comme Paris est fière de son Père-Lachaise, Londres peut se targuer d'avoir ses "Magnificent Seven", sept cimetières construits entre 1837 et 1841 dans le but d'offrir un lieu de repos éternel aux Londoniens. Le surpeuplement et les épidémies conséquentes commençaient à poser de sérieux problèmes de santé publique dans les anciens cimetières paroissiaux. Surnommés les "sept magnifiques", ces nouveaux cimetières furent créés sur le modèle de parcs paysagers, et forment de grandes réserves naturelles envahies de végétation et d'oiseaux rares. Ils forment un réseau de cimetières victoriens recelant aujourd'hui des monuments historiques classés, qui comprend notamment Highgate, au nord de Londres, lieu de repos ultime de Karl Marx et sans conteste le plus beau et impressionnant des sept. D'autres aussi, moins connus, comme Kensal Green et Brompton, sont néanmoins intéressants. Le premier, en bordure de Notting Hill, est un joli cimetière, notable par les très nombreuses sculptures mortuaires qu'on y trouve et parce qu'il constitue un lieu de pèlerinage pour les amateurs du dramaturge Harold Pinter, qui y est enterré, et pour ceux du chanteur de Queen, Freddie Mercury, qui y fut incinéré. Le second, près de Earl's Court, se déployant sur seize hectares de parc verdoyant, est particulièrement populaire auprès des résidents du quartier, pour lesquels il est un lieu de balade privilégié. Les réalisateurs de films l'aiment aussi : il est régulièrement utilisé comme décor naturel (des scènes de *Goldeneye* et de *Sherlock Holmes* y ont notamment été tournées).

Une nécessité de la vie mondaine.

Clubs privés

Une majorité de visiteurs considèrent le principe des clubs privés comme un symbole du snobisme anglais (réel ou présumé) ; les Londoniens considèrent au contraire leur existence comme une nécessité de la vie mondaine. De fait, les clubs privés ont fortement évolué depuis leur création au XIXe siècle. À cette époque, ils étaient le reflet pragmatique de la division entre deux mondes : la haute aristocratie et l'élite coloniale, qui peuplaient les "gentlemen's clubs" (eux-mêmes divisés selon les allégeances politiques) et la classe ouvrière, qui disposait de ses propres "workingmen's clubs"... l'ensemble étant évidemment réservé aux seuls hommes, quelle que soit la classe sociale ! Aujourd'hui, les clubs de gentlemen qui subsistent, en particulier autour de Mayfair, ont pour la plupart démocratisé leurs critères de sélection. Mais surtout, ils ont été rejoints par quantité de nouveaux clubs, dont certains ont fait leur apparition dès les années 1960, mais créés pour la plupart depuis le milieu des années 1990. Ils s'organisent autour d'intérêts communs et de secteurs d'activités, plutôt qu'en fonction des classes ou des moyens financiers. Parmi les plus célèbres, on note Annabel's, le bar-restaurant-boîte de nuit fréquenté par les membres de la jeunesse dorée londonienne, mais aussi par leurs pères et leurs grands-pères, et une ribambelle de banquiers richissimes et de princes du pétrole. Dans un registre différent, Soho House et ses satellites (Shoreditch et Electric à Londres, mais il en existe aussi aujourd'hui à Los Angeles, Miami, Berlin et Toronto) comptent parmi les plus sélects, avec une politique d'accès "méritocratique" qui favorise le succès et la personnalité plutôt que la naissance. Ils rassemblent une majorité de créatifs, gens des médias et célébrités (Gwyneth Paltrow et Madonna font partie des nombreuses stars qu'on y aperçoit).

Une tradition qui remonte au début du XXe siècle.

Cocktails

Le Pimm's, un alcool à base de gin que l'on sert avec de la limonade, des concombres, des fraises et de la menthe, demeure le cocktail *british* le plus célèbre, et sans doute le plus populaire, en particulier l'été quand il est consommé sur les pelouses de Wimbledon et d'Ascot. Mais la capitale britannique ne manque pas de choix en la matière. Londres a en effet une tradition de cocktails qui remonte au début du XXe siècle, quand les barmen d'établissements chics (en général des clubs privés ou des hôtels de luxe) ont pris l'habitude de mélanger des alcools classiques avec d'autres ingrédients, souvent rapportés des colonies. Le RAC (gin, vermouth, grenadine et bitter) est ainsi né en 1914 au Royal Automobile Club, et le Vesper au Duke's Hotel, où il a été créé en 1937 tout spécialement pour Ian Fleming, l'auteur de *James Bond*, client du bar. Cette tradition, un peu perdue après la Seconde Guerre mondiale, a connu une grande renaissance dès la fin des années 1990, avec l'arrivée de "mixologistes" du monde entier, et l'invention de nouvelles recettes, comme le désormais fameux Martini rose et litchi, né au bar Lonsdale. Du coup, il est aujourd'hui de tradition pour tout bar qui se respecte de créer ses cocktails maison. Les recettes évoluent en fonction des modes : la tendance des cocktails pimentés a récemment remplacé celle des cocktails aux saveurs de fleur ou d'épices (gingembre, cardamome,...). Ces derniers demeurent tout de même très populaires.

Le West End n'a rien à envier à Broadway.

Comédies musicales et théâtres

Au pays de Shakespeare, il n'est pas surprenant que le théâtre soit l'un des arts les plus populaires auprès du public ! À Londres, on peut découvrir le spectacle des planches sous toutes ses formes, des grands classiques aux productions grand public, avec une offre en la matière qui n'a d'égal que Broadway à New York. La concentration de théâtres (plus de quarante) est d'ailleurs si importante dans le West End que le conseil municipal de Westminster a officiellement rebaptisé "Theatreland" le quartier contenu entre le Strand, Oxford Street, Regent Street et Kingway. La tradition des comédies musicales y est également très importante, grâce à des compositeurs comme Gilbert et Sullivan, qui ont popularisé ce type de spectacle à l'époque victorienne, mais surtout depuis les années 1970 grâce au compositeur Andrew Lloyd Webber, créateur du *Fantôme de l' opéra*, de *Cats* ou de *Evita*, entre autres, et propriétaire du plus grand groupe de théâtres de Londres. Depuis les années 1990, il est devenu de bon ton pour les acteurs américains de venir se produire sur les planches du West End, qui ont ainsi vu passer, entre autres, David Schwimmer, Brooke Shields, Woopi Goldberg, ou Tobey Maguire. Si les théâtres du West End sont les plus populaires de Londres auprès des habitants comme des touristes, avec près de 15 millions de visiteurs annuels, ils ne sont pas les plus prestigieux : les puristes leur préfèrent des théâtres comme The Old Vic (dirigé par Kevin Spacey), le National Theatre ou le Barbican, où les spectacles tendent à être nettement plus intellos et moins grand public.

Espaces verts

Pour qui n'est jamais venu à Londres, c'est souvent l'idée d'une ville grise et dense qui s'impose, influencée par des images de la révolution industrielle. En fait, la capitale britannique est sans doute la grande capitale la plus verte et aérée qui soit : non seulement environ 70 % de ses habitations sont des maisons plutôt que des immeubles, mais surtout, la capitale britannique dispose d'un nombre impressionnant d'espaces verts, qui donnent à beaucoup de ses quartiers un air de campagne dans la ville. Les plus importants sont les huit parcs royaux (Hyde Park, Kensington Gardens, St James's Park, Green Park, Regent's Park, Greenwich Park, Richmond Park et Bushy Park), d'anciens terrains de chasse de la Couronne, qui couvrent près de 2 000 hectares, dont environ 300 au centre de la ville. À ces parcs viennent s'ajouter les espaces verts situés en périphérie : Hampstead Heath, Clapham Common, Wimbledon Common ; les parcs municipaux, qui représentent quelque 1 000 hectares d'espaces verts supplémentaires, mais aussi le jardin botanique de Kew, la coulée verte en bordure de la Tamise et de très nombreux jardins privés. Les parcs font donc ainsi partie intégrante de la vie londonienne : on y vient pour faire du sport, pique-niquer, observer la faune (écureuils, renards et plus de cent espèces d'oiseaux) et la flore, se promener, faire du bateau, ou même se baigner.

Londres est une capitale très riche en festivals.

Festivals

Londres est riche en festivals, qui fournissent d'intéressantes attractions gratuites pour les visiteurs. On peut noter en particulier :

La **London Parade** (1er janvier) : cette procession, particulièrement populaire auprès des familles, débute sur Parliament Square à midi et se termine sur Berkeley Square en milieu d'après-midi, en passant par Piccadilly. On peut y voir des majorettes, des clowns, des orchestres ambulants, des voitures anciennes et des calèches transportant les maires des quartiers de Londres (www.londonparade.co.uk).

Oxford & Cambridge Boat Race (fin mars) : cette célèbre course oppose depuis 1830 les équipes d'aviron des universités d'Oxford et de Cambridge, et se déroule sur la Tamise, à l'ouest de Londres, entre Putney et Mortlake. La course dure moins de vingt minutes, mais elle est prétexte à une fête qui dure toute la journée : faites comme les Londoniens et apportez votre pique-nique en bord de fleuve (www.theboatrace.org).

Le **marathon de Londres** (avril) : il s'agit de l'un des marathons les plus importants du monde, disputé par près de 50 000 coureurs. Il démarre à Greenwich Park et se termine 42 km plus loin, à Buckingham Palace. Près de la moitié des participants sont déguisés, et de nombreuses célébrités y courent (www.london-marathon.co.uk).

Carnaval de Notting Hill (derniers dimanche et lundi d'août) : ce carnaval, créé au début des années 1960 par des représentants de la communauté caribéenne pour les enfants du quartier, n'a cessé de se développer, et constitue aujourd'hui le plus grand carnaval de rue au monde après celui de Rio, attirant plus d'un million de spectateurs. Outre des chariots transportant des groupes de reggae, de soca ou de samba, on voit de nombreux danseurs en costumes multicolores, tandis que des DJ ambulants garantissent les prolongations de la fête après 20h, une fois le défilé terminé (www.nottinghillcarnival.biz).

Festival de la Tamise (deuxième week-end de septembre) : organisé par la mairie de Londres, ce grand festival célèbre les arts et la culture londonienne, avec pour décor de fond la Tamise. Tout un ensemble d'activités et de spectacles sont organisés, mêlant danse, cirque, concerts, expositions et feu d'artifice géant (www.thamesfestival.org).

Procession du maire de Londres (deuxième samedi de novembre) : le Lord Mayor's Show, célébré depuis le XIIIe siècle, démarre à 11h dans la City, à Guildhall, quand le maire de la City, transporté dans un impressionnant carrosse du XVIIIe siècle, commence son trajet vers la cour de Justice sur le Strand, avant de retourner dans la City. Cette procession spectaculaire comprend quelque 6 000 participants aussi variés que l'orchestre de la Royal Air Force, l'école de samba de Londres et la compagnie de théâtre sud-africaine Mighty Zulu, ce qui en fait une journée haute en couleur, qui s'achève par un grand feu d'artifice à 17h (www.lordmayorsshow.org).

Grands magasins

Comme toute grande ville qui se respecte, Londres détient de nombreux grands magasins. Le plus célèbre, Harrods, dans le quartier de Knightsbridge, s'étend sur 18 000 m^2, et constitue une destination touristique en soi, tant pour son caractère kitsch et démesuré que pour l'incroyable diversité des produits que l'on y trouve. Son rayon "souvenirs" est particulièrement populaire, tandis que son département "animaux domestiques" – qui inclut un spa pour chiens et chats – est sans doute le plus luxueux et ostentatoire qui soit. Harvey Nichols, situé à proximité de Harrods, est nettement plus petit et sélect, ses collections incluant des grandes marques branchées. Selfridges, dans Oxford Street, est une autre institution londonienne : aéré, chic et innovant, il fait la part belle aux créateurs et aux marques "niches". Fenwick, dans Bond Street, le plus petit des grands magasins, est particulièrement recommandé pour les accessoires. Les autres grands magasins, comme John Lewis, Debenham's ou House of Fraser, tendent à être plus traditionnels.

HIGH STREET

High Street

Ce terme, littéralement "grande rue", définit non seulement les rues commerçantes de chaque quartier, mais aussi l'ensemble des marques que l'on y trouve : en mode, cela désigne donc les chaînes de grande distribution (Zara, H&M...) par opposition aux marques de luxe. Certains puristes se plaignent du fait que la "répétition" dûe aux chaînes ait rendu les rues commerçantes monotones ; reste que certaines, purement *british*, sont à visiter :

Boots est une chaîne de pharmacies qui ressemblent davantage à des supermarchés. Si l'on y trouve évidemment des médicaments, on y va aussi et surtout pour acheter tous ses produits de parapharmacie, ses parfums, ses accessoires de beauté et son maquillage (marques de grande diffusion comme Rimmel ou L'Oréal, marques de luxe comme Chanel ou Dior, et marques "niches" et fun comme Urban Decay ou Benefit).

Topshop : il ne faut surtout pas manquer de visiter ce temple de la mode branchée britannique. Le magasin principal sur Oxford Circus offre près de 9 000 m^2 de vêtements, chaussures, sacs, accessoires et maquillage, mais aussi des bars à ongles ou à faux cils, et des coiffeurs. On y trouve des collections limitées créées par de nombreuses stars montantes de la mode.

Space NK est une chaîne de jolis magasins modernes de maquillage, produits de beauté et parfums, spécialisée dans des marques "niches" de qualité : ce n'est donc pas là que l'on trouvera du Lancôme ou du Clinique, mais plutôt des marques plus confidentielles. À rapporter : des marques anglaises cultes, comme Eve Lom, Sarah Chapman, Nude ou This Works.

Cath Kidston s'est imposée comme la reine incontestée du chic rétro britannique, avec ses imprimés colorés inspirés des années 1950, à la fois traditionnels et contemporains : pois, fleurs, voiliers, bus rouges décorent ainsi sacs, valises, pochettes pour i-Pod, produits de bain, tasses de thé, parapluies, paniers pour chiens et plein d'autres produits pour la maison. Très populaire auprès des Britanniques, cette chaîne de magasins (onze sont ouverts à Londres) fait aussi la joie des visiteurs, qui peuvent y dénicher des cadeaux typiquement *british* sans être attrape-touristes.

Vingt siècles en un seul coup d'œil.

Histoire

Promenez-vous dans la City, près du centre Barbican ou de la station de métro Tower Hill, et vous pourrez apercevoir les pans d'un mur épais et ancien : ce sont les vestiges de fortifications construites par les Romains au Ier siècle. Levez les yeux, et vous verrez le "Gherkin" (le "cornichon"), érigé en 2004 à partir de plans de Norman Foster ; c'est le plus célèbre des immeubles ultramodernes qui symbolisent le Londres du XXIe siècle. En un coup d'œil, vous aurez ainsi parcouru les vingt siècles d'histoire de la ville, passée en un peu plus de 2 000 ans d'un campement militaire rural à l'une des plus grandes métropoles mondiales.

Les origines de Londres remontent à l'an 50, lorsque les envahisseurs romains, arrivés dans le Kent sept ans auparavant, décident d'établir un camp permanent sur les rives de la Tamise, au nord de l'actuel London Bridge. Détruit en l'an 60 par Boadicée, reine en rébellion du peuple britto-romain des Icenis, il est rapidement reconstruit, et devient au IIe siècle la capitale de la province romaine Britannia. Le mur de Londres ("London Wall"), une enceinte longue de 3 km construite au début du IIIe siècle, délimite la ville, située au sein de l'actuelle City. Elle compte alors plus de 45 000 habitants.

La fin de l'Empire romain entraîne le départ des troupes à partir de 410, avec l'abandon de Londinium à la fin du Ve siècle. Au siècle suivant, la ville prend le nom de Ludenwic et passe sous le contrôle de tribus saxonnes, établies dans la province voisine d'Essex. En 604, la première cathédrale Saint-Paul est construite, sous le règne du roi Ethelbert de Kent, premier roi anglais converti au christianisme. Entre 834 et 1014, les raids vikings dominent l'histoire de la ville, qui passe sous le contrôle du Danois Knud le Grand, entre 1016 et 1042, puis de son fils, avant de revenir au Saxon Édouard Ier le Confesseur. Ce dernier fait construire l'abbaye de Westminster, avec pour conséquence l'extension de la ville à l'ouest, et le déplacement du pouvoir politique dans ce nouveau quartier royal, tandis que la cité originale se développe comme pôle commercial.

La mort d'Édouard Ier, en 1066, et l'absence d'un héritier du trône conduisent Guillaume, le duc de Normandie, à conquérir l'Angleterre : après sa victoire à Hastings, il occupe Londres et est couronné dans l'abbaye de Westminster.

Guillaume le Conquérant fait alors construire la tour de Londres à l'est de la City, afin de contenir d'éventuelles attaques par les tribus locales. En 1176, la construction du London Bridge commence. Londres, tout au long du Moyen Âge, s'impose peu à peu comme un centre commercial majeur.

En 1534, le roi Henri VIII rompt avec Rome ; la Réforme conduit la couronne d'Angleterre à établir les fondements de l'Église anglicane : près de la moitié des bâtiments londoniens, qui appartenaient jusque-là à des institutions catholiques, passent entre les mains de la royauté. Le palais de St James (actuelle résidence du prince Charles) est ainsi construit sur le site d'un ancien hôpital catholique pour lépreux. Sous le règne d'Élisabeth Ire, arrivée au pouvoir en 1558, l'Angleterre en général, et Londres en particulier connaissent un véritable âge d'or, tant commercial que culturel : c'est durant cette période que la Compagnie marchande des Indes orientales est créée, de même que le Globe, le théâtre de William Shakespeare. La population, estimée à 50 000 en 1530, passe à 220 000 en 1600.

Le XVIIe siècle voit le développement du West End. En 1632, la Piazza de Covent Garden est construite par l'architecte néoclassique Inigo Jones, donnant naissance à une nouvelle culture mondaine chez les aristocrates : l'habitude est prise d'abandonner pendant quelques mois de l'année leurs résidences campagnardes pour venir se divertir à Londres lors de la “Saison”. Deux catastrophes majeures interviennent cependant à cette période, et marquent durablement les esprits : en 1665, la Grande Peste décime la ville, tuant environ 80 000 personnes, soit un cinquième de la population londonienne de l'époque. En 1666, le Grand Incendie détruit 60% de la City, dont les bâtiments étaient jusque-là construits en bois. La reconstruction de l'ancienne cathédrale Saint-Paul, victime du feu, s'achève en 1708, et constitue le chef-d'œuvre de l'architecte Christopher Wren, dont on trouve plusieurs œuvres encore à Londres. Le Grand Incendie accélère le départ de la City de ses résidents nobles, qui choisissent de s'installer autour de la résidence royale de St James, et érigent ainsi de nombreux hôtels particuliers autour de Piccadilly. Londres continue de s'accroître, avec l'arrivée de nouveaux habitants venus des provinces anglaises, mais aussi de nombreux huguenots français, après la révocation de l'édit de Nantes en 1685.

L'extension de la ville se poursuit au XVIIIe siècle, avec la construction de nouveaux quartiers résidentiels : Mayfair, à l'ouest, devient le quartier de prédilection des aristocrates. En 1762, George III acquiert le palais de Buckingham, qui fait l'objet, pendant plusieurs décennies, de travaux durant lesquels l'architecte royal John Nash (qui a joué un grand rôle dans la physionomie

actuelle de la capitale) se distingue. Le palais devient la résidence officielle de la reine Victoria en 1837. Les quartiers de Victoria, Knightsbridge, et plus loin Kensington et Chelsea, commencent à se développer.
L'âge d'or de l'Empire britannique et la révolution industrielle aux XIXe et XXe siècles transforment la capitale, dont la population passe d'un million en 1800 à près de sept millions en 1900. L'arrivée du chemin de fer modifie profondément la géographie londonienne. La construction de nombreuses gares, commes Euston (1837), Paddington (1838), Waterloo (1848), King's Cross (1850) et St Pancras (1863) a pour conséquence d'étendre les frontières de la ville, qui se développe au nord avec Islington, à l'est avec Shoreditch et au sud avec Southwark. De nouveaux quartiers comme Notting Hill et Holland Park sont créés à l'ouest pour la nouvelle bourgeoisie marchande, tandis que les classes populaires s'installent à l'est de la City (l'East End) et au sud de la Tamise, devenu plus accessible avec la construction de nouveaux ponts et la création du métro en 1863. De nombreux bâtiments célèbres voient aussi le jour, dont Tower Bridge, Big Ben et le Royal Albert Hall. Des villages comme Hampstead, au nord, sont intégrés à la ville. Plusieurs vagues d'immigration, notamment celle des Irlandais, après la Grande Famine, contribuent à l'accroissement de la population, qui atteint 8,6 millions en 1939 : un record. Le Grand Londres, délimité par les régions voisines de l'Essex, du Kent, du Middlesex et du Surrey, couvre alors près de 1 500 km^{2}.
La Seconde Guerre mondiale n'épargne pas Londres, victime du Blitz, une série de bombardements incessants par l'aviation allemande en 1940 et 1941, qui entraînent la destruction de plus d'un million d'habitations. La City et l'Est sont particulièrement touchés. La fin des années 1940, jusqu'aux années 1960, est marquée par la construction de nombreuses HLM, et par la création de nouvelles banlieues autour de Londres. Ces décennies connaissent également l'arrivée de nombreux immigrés, venus d'anciennes colonies britanniques, en particulier des Antilles, d'Inde et du Pakistan, contribuant ainsi à faire de Londres l'une des villes les plus multiculturelles du monde. La réhabilitation des Docklands, à l'est, à la fin des années 1980, avec la construction des tours de Canary Wharf, devenu nouveau centre financier, modifie notablement la géographie londonienne. Le début du XXIe siècle n'est pas en reste, comme le montre l'édification de gratte-ciel tels que le "Gherkin" dans la City, mais aussi London Eye et le Millenium Dome. Le chantier du site olympique à Stratford, un quartier défavorisé de l'est de Londres, en préparation des Jeux de 2012, continue de contribuer à l'évolution de la ville : une preuve de plus de son constant dynamisme.

Internet

Plusieurs sites proposent des informations sur Londres (sorties, événements, sites touristiques, bons plans et réductions, adresses, etc.). Le site du magazine hebdomadaire londonien *Time Out* (www.timeout.com/london) demeure le guide de référence pour tout connaître des spectacles et des diverses activités culturelles organisés dans la capitale britannique. Le site www.freelondonlistings.co.uk est également très utile pour obtenir une liste au jour le jour d'activités gratuites, qu'il s'agisse de théâtre, d'expositions, de spectacles ou de fêtes et festivals variés. *Chic-Londres* (chiclondres.com), un magazine en ligne en anglais et en français, permet de découvrir des adresses branchées, ainsi que les adresses londoniennes favorites de nombreuses célébrités, qui y sont interviewées, tels Nicolas Anelka et Hélène Darroze. Enfin, le site de l'ambassade de France à Londres offre toutes sortes d'informations et d'actualités sur la Grande-Bretagne et les relations franco-britanniques (ambafrance-uk.org).

Oui, on peut se baigner en plein air à Londres !

Lidos

N'en déplaise aux sceptiques, il fait parfois chaud à Londres, voire très chaud. Mais la ville n'étant pas au bord de la mer, et la Tamise offrant peu de perspectives de natation très sûres, la capitale britannique s'est dotée de "lidos", très populaires auprès de ses habitants. Ce terme rassemble toutes les aires de natation en plein air ouvertes au public, qu'il s'agisse de piscines géantes, d'étangs ou même d'une rivière (Serpentine). L'âge d'or des lidos date des années 1930, quand la natation devint très populaire auprès du public, donnant ainsi l'idée aux conseils municipaux de construire des piscines en plein air, notamment à Richmond, Covent Garden, Parliament Hill et Tooting Bec. Les lidos les plus charmants, cependant, ne sont pas des piscines, mais des plans d'eau naturels. Hyde Park a ainsi son lido, au bord de la rivière Serpentine. Ouvert chaque année du 1er juin à la mi-septembre, cet endroit est particulièrement apprécié des familles, avec son aire de jeux pour les enfants, son bassin d'eau douce, et son café-snack où acheter des pizzas. Mais il a aussi de nombreux amateurs parmi les membres du Serpentine Swimming Club, un club de nageurs créé au XIXe siècle. Ils se donnent rendez-vous tous les matins à 9h pour nager et se retrouvent pour faire la course "Peter Pan" le matin de Noël à 9h... Le parc bucolique de Hampstead Heath compte par ailleurs trois étangs (les "Hampstead and Highgate Ponds"), en fait des réservoirs construits aux XVIIe et XVIIIe siècles, puis transformés en aires de natation. L'un est réservé aux hommes, l'autre aux femmes et le dernier est mixte. Surveillés par des maîtres nageurs, les "ponds" sont ouverts toute l'année au public.

Littérature

Londres n'a jamais manqué d'inspirer les écrivains, dans le passé comme de nos jours. Au XIXe siècle, Charles Dickens met en scène la révolution industrielle qui transforme alors la capitale britannique, dépeignant ainsi dans des romans comme *Oliver Twist* (1838) et *La Petite Dorrit* (1857) le Londres gris et pauvre de l'ère victorienne marquée par les inégalités sociales et la criminalité. Dans *La Foire aux vanités* (1847), William Makepeace Thackeray fait la satire de la nouvelle bourgeoisie montante, dans une ville dominée par l'ambition, la corruption et la vénalité. La littérature de la fin du XIXe siècle est fortement marquée par le pouvoir des inventions, qui ont enflammé l'imagination d'auteurs comme H.G. Wells (*La machine à explorer le temps*, *L' Homme invisible*, *La Guerre des mondes*), ou Arthur Conan Doyle, dont les héros, Sherlock Holmes et le Dr Watson, trouvent toujours des solutions rationnelles aux mystères ésotériques auxquels ils sont confrontés. Paradoxalement, à cette époque de découvertes scientifiques, c'est une littérature particulièrement riche en éléments fantastiques qui émerge, avec la parution de *L' Étrange Cas du Dr Jekyll et de M. Hyde* (1886) de Robert Louis Stevenson, du *Portrait de Dorian Gray* (1891) d'Oscar Wilde et de *Dracula* (1897) de Bram Stoker. Cette littérature met souvent en scène les bas-fonds londoniens. Depuis, Londres a été abondamment dépeint par d'illustres écrivains, comme Joseph Conrad, D.H. Lawrence, P.G. Wodehouse, Virginia Woolf, Evelyn Waugh, George Orwell, Agatha Christie, Graham Greene, caractéristiques de la littérature britannique de la première moitié du XXe siècle. Plus récemment, le succès d'auteurs comme P.D. James et Ruth Rendell, ainsi que Minette Walters et Elizabeth George, a contribué à relancer le roman policier, tandis que Londres a servi de décor au best-seller *Le Journal de Bridget Jones*, écrit par Helen Fielding en 1997, qui dépeint les mésaventures d'une célibataire à Notting Hill. Les livres d'Hanif Kureishi, Zadie Smith et Monica Ali dépeignent le Londres multiculturel des immigrés pakistanais, caribéens ou bangladais.

Aujourd'hui, chaque quartier ou presque a son marché.

Marchés

Les Londoniens aiment leurs marchés, qui existent sous des formes et des genres très divers. Le marché d'antiquités et brocantes de Portobello Road est sans doute le plus fréquenté par les touristes de nos jours, en partie à cause du succès du film *Coup de foudre à Notting Hill* qui le met en scène. L'autre grande star des marchés londoniens, Borough Market, du jeudi au samedi, fournit la preuve qu'au pays de Jamie Oliver et de Gordon Ramsay, on prend désormais la nourriture très au sérieux. Paradis des gourmets, on y trouve une grande variété de produits, des fromages artisanaux locaux aux ingrédients rares et exotiques, et de bons stands et restaurants où se régaler. Camden, jadis temple de la Doc Martens et passage obligé des punks et des goths, reste populaire, en particulier auprès des étudiants, qui aiment son ambiance animée un peu déjantée. Spitafields, entre la City et l'East End, offre une alternative beaucoup plus sophistiquée : on y trouve de la brocante, de jeunes créateurs, ainsi que de nombreux spectacles gratuits, dans le cadre très élégant d'un ancien marché couvert totalement modernisé. Haut en couleur, le marché de Brick Lane, situé à proximité, apparaît clairement comme le plus désorganisé, mais aussi comme l'un des plus dépaysants, avec ses monceaux de bric-à-brac qui s'entassent à chaque coin de rue, entre deux stands de curries à emporter. Dans le même coin, on peut aussi découvrir le marché aux fleurs de Columbia Road, très apprécié des Londoniens le dimanche, qui viennent y faire le plein de roses ou de bananiers. À noter enfin, la vogue des Farmers Markets (marchés fermiers), qui ont commencé à se multiplier au début des années 2000 : une nouveauté à Londres, où les marchés de primeurs itinérants étaient rares jusque-là. Aujourd'hui, chaque quartier ou presque a son marché du samedi ou du dimanche, où les fermiers des régions qui entourent la capitale viennent vendre leurs produits aux bobos trentenaires.

L'une des grandes capitales gastronomiques du monde.

"Modern British"

L'époque du rosbif recouvert de sauce à la menthe est définitivement révolue. Londres s'est imposée ces quinze dernières années comme l'une des grandes capitales gastronomiques du monde. Les restaurants détenteurs d'étoiles Michelin se sont ainsi multipliés dans la capitale britannique, et l'art de bien manger est entré dans les foyers. Car la bonne surprise, c'est que cette minirévolution culinaire ne se limite pas aux restaurants et aux grands chefs, qu'ils soient locaux (comme Gordon Ramsay) ou importés (comme Hélène Darroze). La popularité des émissions télévisées de cuisine, comme celles de Jamie Oliver, ont rendu la cuisine "sexy", et introduit de nouvelles valeurs culinaires (ingrédients frais, par exemple) dans les foyers britanniques, en particulier chez les jeunes. L'une des évolutions les plus notables et les plus appréciées consiste en l'apparition du "gastropub", devenu l'une des institutions *british* les plus appréciées de la population. Le terme, apparu pour la première fois en 1991, est une contraction entre pub (qui vient lui-même du terme "public house") et gastronomie. Comme son nom l'indique, il s'agit d'un pub où l'accent est mis sur la cuisine. Aux traditionnels *fish & chips* (poisson pané et frites) ou *bangers & mash* (saucisses-purée) se sont ainsi substitués des plats plus sophistiqués, souvent rassemblés sous le terme de "modern british", une cuisine nouvelle britannique, aux influences continentales marquées, qui mélange des recettes françaises ou italiennes à des ingrédients locaux.

Multi-culturalisme

La Grande-Bretagne s'est imposée depuis longtemps comme le pays du multiculturalisme : un statut que même les attentats londoniens du 7 juillet 2007, pourtant commis par des islamistes *made in Britain*, n'ont pu remettre en cause. La notion n'est pas nouvelle, la population britannique ayant été décrite dès le XVIIIe siècle par l'écrivain Daniel Defoe comme une nation de "bâtards", produits d'invasions, des Saxons aux Normands, et de vagues d'immigration successives, des huguenots aux Kurdes. Londres s'impose donc ainsi sans conteste comme la capitale multiculturelle du monde, où plus de 300 langues sont pratiquées, où les bobbies arborent turbans sikhs et dreadlocks, et où le poulet tikka est considéré par une majorité comme le plat national. On y trouve, notamment, un mini-Bangladesh à Brick Lane ; le plus grand temple hindou en dehors de l'Inde, à Neasden ; un "petit Liban" dans Edgware Road, et même le "XXIe arrondissement de Paris" (également surnommé "Frog Valley") à South Kensington, où une partie des 350 000 Français de Londres ont élu domicile. Le quartier de Brent, au nord-ouest de Londres, apparaît comme le plus cosmopolite de Grande-Bretagne, avec seulement 29% de ses habitants répertoriés comme britanniques. Selon les calculs de l'Office national des statistiques britannique, la probabilité pour que deux personnes se croisant dans une rue de Brent appartiennent à des groupes ethniques différents est de 85%.

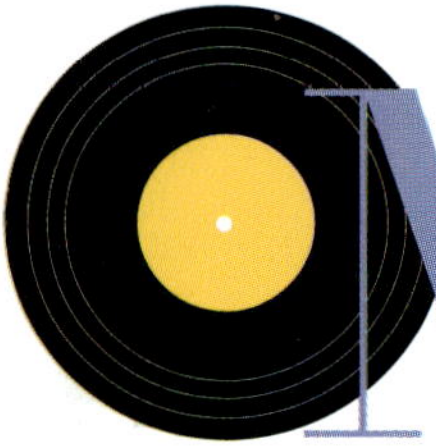

La musique pop est intrinsèquement liée à Londres.

Musiques pop et rock

La musique pop au sens – très – large, des Beatles et des Rolling Stones à Lily Allen et Coldplay, en passant par Petula Clark, The Kinks, The Who, David Bowie, Elton John, Police, The Smiths, Sex Pistols, The Clash, Queen, Eurythmics, Frankie Goes to Hollywood, Culture Club, Spandau Ballet, Duran Duran, Wham!, Depeche Mode, les Spice Girls, Take That, Oasis ou Radiohead, est intrinsèquement liée à Londres. La capitale de la Grande-Bretagne a ainsi été tour à tour capitale de la pop, du punk, du glam (“glitter rock”), de la new wave, des nouveaux romantiques, de la dance, des boys bands manufacturés, de la Britpop et de la musique rock *indie* (indé). Certes, les Beatles, qui demeurent le groupe *british* le plus célèbre, sont originaires de Liverpool, mais c’est à Londres qu’ils ont fait carrière, immortalisant Abbey Road – la rue située en face de leur studio d’enregistrement à St John’s Wood – sur l’album du même nom. Quant à Mick Jagger, c’est à la London School of Economics (l’équivalent londonien de Sciences-Po) qu’il a fait ses classes, avant de se transformer en mauvais garçon du rock pour lancer les Rolling Stones. Si le *Swinging London* des années 1960 continue de symboliser l’apogée de la pop britannique, la naissance du mouvement Britpop dans les années 1990, avec l’émergence de groupes comme Oasis, Blur, Pulp, Radiohead et Stereophonics, a fermement resitué Londres comme capitale de la musique indépendante, contribuant ainsi au phénomène de la Cool Britannia. Aujourd’hui, la musique *indie* continue de se développer, grâce à des groupes comme Coldplay, Franz Ferdinand, The Fratellis, Razorlight, Keane, Kaiser Chiefs et Arctic Monkeys, qui empruntent à la fois à la Britpop, au rock et au punk. Une nouvelle vague hip-hop se développe aussi avec succès, avec des chanteurs comme Dizzie Rascal et Tinie Tempah, tandis qu’une nouvelle vague féminine, portée par Jessie J et Rita Ora, s’exporte avec grand succès.

Les courses de bateaux sont un très bon spectacle.

Tamise et canaux

Les Londoniens ne manquent pas une occasion de profiter des espaces d'eau dont ils disposent. La Tamise, qui traverse la capitale, ne se limite ainsi pas à ses fonctions de transport fluvial ; elle joue également un rôle important dans la vie sociale londonienne, auprès d'une population particulièrement friande de courses de bateaux, un spectacle à l'ambiance très bon enfant. La *Boat Race* est la course la plus prestigieuse, entre les équipes d'aviron des universités d'Oxford et de Cambridge. Elle a lieu au printemps et s'admire depuis les berges de Hammersmith. La plus ancienne, *Doggett's Coat & Badge Race*, a lieu en juillet de Chelsea à London Bridge. La plus folle des courses, la *Great River Race*, qui a lieu le dernier samedi de septembre, mêle pirogues indiennes, chaloupes vikings et autres bateaux, tant que ce ne sont pas des bateaux de course ! L'idéal est d'assister soit au départ, à Richmond, soit à l'arrivée, à Greenwich.

Londres dispose aussi de plusieurs canaux, et notamment le Regent's Canal, construit en 1820, qui relie l'ouest à l'est de Londres, et est très apprécié des promeneurs et des cyclistes. Il fournit un cadre vert et sans voitures pour une balade originale. La partie la plus romantique et intéressante se situe autour de Little Venice ("Petite Venise") de Maida Vale – un quartier résidentiel chic où se mêlent belles maisons aux façades de stuc blanc et péniches de luxe. De là, on peut marcher sur près de 12 km au bord de l'eau, en passant par Regent's Park, le marché de Camden et le terrain de cricket Lord's à St John's Wood.

Transports

Les **taxis** londoniens se divisent en deux catégories : les traditionnels *black cabs*, ces énormes taxis à quatre portes et sans coffre fabriqués en Angleterre, qui peuvent accueillir jusqu'à cinq personnes à l'arrière, et les *minicabs*, des compagnies de transport agréées que l'on contacte uniquement par téléphone, et dont les chauffeurs utilisent leur propre voiture. Les *black cabs* sont relativement chers, mais ils constituent une expérience unique pour tout visiteur, ne serait-ce que par le confort qu'ils offrent, et parce que leurs chauffeurs sont une mine d'informations sur la ville : ils doivent en effet passer un test extrêmement pointu ("The Knowledge") pour obtenir la licence nécessaire à l'achat d'un *black cab*. Il y en a environ 20 000 à Londres, dont beaucoup ne sont d'ailleurs pas noirs mais de toutes les couleurs, les véhicules étant de plus en plus souvent loués par leurs propriétaires à des compagnies qui s'en servent comme panneaux publicitaires. Les chauffeurs de *minicabs* ne disposent souvent que d'une connaissance très vague de la ville, mais ils sont en général équipés de GPS. Ayez un plan de la ville (au cas où !), et le code postal complet de votre destination. L'**Underground** (ou le "tube", tel qu'on le surnomme) est le plus vieux système de métro du monde ; la première ligne date de 1863. Il couvre l'ensemble de la capitale britannique, grâce à un réseau de onze lignes qui fonctionnent de 5h10 à 0h45. L'**Overground** est un autre réseau ferroviaire qui dessert les quartiers périphériques de Londres d'ouest en est, avec des stations beaucoup moins nombreuses et plus espacées les unes des autres. La capitale dispose aussi d'un bon réseau de **bus**, dont de nombreux bus de nuit, et d'un réseau de **bateaux** reliant Embankment à Woolwich et Putney à Blackfriars. Les tickets s'achètent à l'unité, mais la solution la plus pratique et économique consiste à acheter une carte de transport Oyster, que l'on crédite d'un montant au choix et qui permet d'effectuer des trajets à des prix bien moindres. Les enfants de moins de 5 ans voyagent gratuitement sur tous les transports en commun. Les enfants de moins de 11 ans voyagent gratuitement dans les bus, mais doivent disposer d'une carte Oyster afin de voyager gratuitement dans le métro.

Quartier par Quartier

WEST END

WESTMINSTER,
ST JAMES ET MAYFAIR

NOTTING HILL

OUEST

NORD-OUEST

EAST END

LA CITY

SOUTH BANK

GRAND LONDRES

West End

Soho, Covent Garden, Piccadilly Circus, Trafalgar Square

CŒUR DE LONDRES

Des courtisanes du XVIIIe siècle aux drag-queens d'aujourd'hui, le West End reste sans conteste le quartier le plus flamboyant de Londres. Jadis habité par les huguenots, cœur du *Swinging London* dans les années 1960, Soho demeure la destination n° 1 de la nuit. Covent Garden, dominé par son opéra, garde son caractère de marché commerçant, tandis que Shaftesbury Avenue se targue d'avoir la plus grosse concentration de théâtres en Europe. Débordant de vie, avec ses sex-shops, ses spectacles, ses bars pleins, ses hordes de pousse-pousse, ses musées prestigieux et son shopping foisonnant, le West End est un passage obligé.

REPÈRES

LE QUARTIER DES THÉÂTRES : autour de Shaftesbury Avenue.
LES ARTÈRES DU SHOPPING : autour d'Oxford Circus et Regent Street.
LE SECTEUR GAY : autour d'Old Compton Road.
LES GRANDS MUSÉES NATIONAUX : autour de Trafalgar Square.

ESSENTIELS

LE BRITISH MUSEUM/⊙4 : situé à Bloomsbury, ce merveilleux musée renferme une collection d'antiquités unique (détails p. 41).
PICCADILLY CIRCUS/⊙1 : pas de visite londonienne sans passer par cette place ! (détails p. 40).
CARNABY STREET/⊙2 : le centre du *Swinging London* dans les années 1960 est aujourd'hui peuplé de boutiques sympas (détails p. 40).
LE ROYAL OPERA HOUSE/⊙3 : le plus majestueux des théâtres de Londres propose les plus beaux ballets et opéras de la capitale (détails p. 41).
TRAFALGAR SQUARE/⊙6 : cette place imposante abrite la plus riche collection d'art de Londres, au sein de la National Gallery (détails p. 42).

Confidentiels

FREEMASONS HALL/⊙9 : les francs-maçons anglais ont décidé, il y a quelques années, de sortir de l'ombre et ouvrent leur plus grand temple au public (détails p. 42).
LIBERTY/62 : le grand magasin aux fameux imprimés s'est transformé ces dernières années, abandonnant son image poussiéreuse et vieillotte pour devenir un haut lieu de la mode concept (détails p. 56).
NEIL'S YARD DAIRY/67 : une fromagerie fréquentée tant par les gourmets que par les grands chefs étoilés, qui s'y approvisionnent. Eh oui ! l'Angleterre est bien l'autre pays du fromage ! (détails p. 58).
LES PEINTURES MURALES DE JEAN COCTEAU/⊙58 : de l'art religieux comme on n'en voit pas souvent, sur les murs de Notre-Dame-de-France, à Soho (5 Leicester Place).

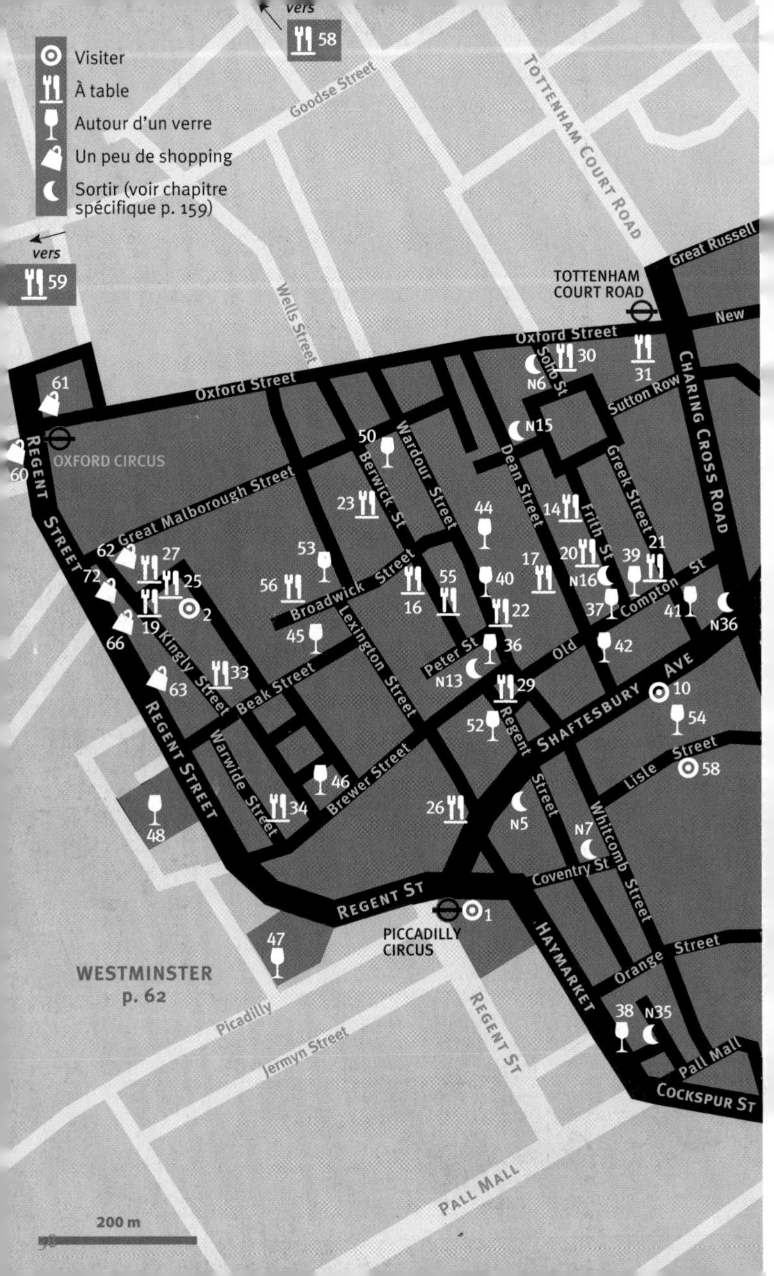

Visiter
À table
Autour d'un verre
Un peu de shopping
Sortir (voir chapitre spécifique p. 159)
vers 58
vers 59
Goodse Street
Tottenham Court Road
Great Russell
Tottenham Court Road
New
Oxford Street
Wells Street
Soho St
Sutton Row
Charing Cross Road
Oxford Circus
Regent Street
Great Malborough Street
Berwick St
Wardour Street
Dean Street
Frith St
Greek Street
Compton St
Broadwick Street
Lexington Street
Kingly Street
Beak Street
Peter St
Old
Shaftesbury Ave
Lisle Street
Warwide Street
Brewer Street
Regent Street
Whitcomb Street
Coventry St
Regent St
Piccadilly Circus
Haymarket
Orange Street
Pall Mall
Cockspur St
Westminster p. 62
Picadilly
Jermyn Street
Regent St
Pall Mall
200 m

Southampton Row
Theobald's R
Bloomsbury St
Great Russell Street
Bloomsbury Way
High Holborn
Holborn
Lincoln's Inn Fields
Oxford St
Bloomsbury St
High Holborn
Newton Street
N33
LA CITY
p. 126
Drury Lane
Street
Queen
Kingsway
Endell
Gardens
Shaftesbury Ave
Arne St
Wild St
Great
Shorts
Upper Saint Martin's Lane
Shelton St
Street
Drury Lane
Kemble St
N34
Bow St
Russel St
Covent Garden
Catherine St
N32
N37
Wellington St
Aldwych
Long Acre
Cranbourn St
Garrick St
Tavistock Street
Exeter St
N30
Strand
Henrietta St
Maiden Lane
Bedford St
Charing Cross Road
Leicester Square
St Martin's Lane
N31
Lancaster Pl.
Saint Martin's Place
J. Adam St
Villiers Street
Victoria Embankment
Waterloo Bridge
Tamise
Charing Cross
Trafalgar Square
Northumberland Avenue
Embankment
4
13
9
24
67
69
71
64
65
68
32
35
3
15
5
70
11
28
18
7
49
8
51
12
6
43

VISITER

Le West End offre une possibilité de visites sans égale. Les institutions culturelles y sont nombreuses : on y trouve certains des musées les plus prestigieux de Londres, ainsi qu'une multitude de théâtres dont la variété et la qualité n'ont d'équivalents qu'à Broadway. Last but not least, *le spectacle dans ses rues y est permanent, ce qui en fait un quartier particulièrement trépidant et fascinant.*

1. PICCADILLY CIRCUS

S'il n'est pas nécessaire de s'attarder sur cette place toujours grouillante de monde, il s'agit néanmoins d'un passage obligé pour tout visiteur. Construite par l'architecte John Nash en 1812, elle est célèbre pour ses enseignes publicitaires lumineuses, qui lui donnent de faux airs de Time Square et de Las Vegas, mais aussi pour sa statue d'Éros, où posent en permanence des légions de touristes des quatre coins du monde.

Piccadilly Circus

2. CARNABY STREET

Certes, la célèbre rue et ses environs peuvent être perçus – avec raison – comme un piège à touristes. Reste que cette zone piétonne est une destination phare pour tout amoureux de la mode londonienne, avec sa multitude de petites boutiques indépendantes et originales, très british.

Oxford Circus

4. BRITISH MUSEUM

GRATUIT

Situé au nord de Soho, dans le quartier de Bloomsbury, ce superbe musée abrite la plus importante collection d'antiquités au monde, attirant six millions de visiteurs annuels. Ses trésors incluent la pierre de Rosette, qui permit de déchiffrer les hiéroglyphes, les marbres du Parthénon, que la Grèce essaie en vain de récupérer, ainsi que "Ginger", une momie égyptienne vieille de 3 400 ans, préservée dans le sable. Le bâtiment néoclassique construit entre 1823 et 1852 a été modernisé en 2008 et comporte la plus grande verrière d'Europe, une merveille architecturale signée Norman Foster.

→ ***Les expositions permanentes et la plupart des expositions temporaires sont gratuites.***

Great Russell Street WC1
⊖ Holborn, Tottenham Court Road • 020 7323 8299 • www.thebritishmuseum.ac.uk
10h-20h30 jeu-ven, 10h-17h30 dim-mer

3. ROYAL OPERA HOUSE

Même si vous n'assistez pas à l'un des spectacles de ce majestueux et élégant théâtre, qui abrite les troupes du Royal Opera et du Royal Ballet, l'endroit vaut une visite. Bâti en 1732, reconstruit en 1809 après un incendie, et totalement rénové à la fin des années 1990, il arbore une splendide verrière, créée par l'architecte Inigo Jones pour le marché attenant, et intégrée à l'ouvrage depuis.

Bow Street WC2
⊖ Covent Garden • 020 7240 1200
www.roh.org.uk • ouvert au public du lun au ven de 10h à 15h30
Programme en ligne

5. THE PIAZZA

Créée en 1630 par Inigo Jones sur le modèle du square principal de Livourne, cette place chic, la plus ancienne de Londres, était à l'origine un endroit essentiellement fréquenté par l'aristocratie, les courtisanes et les intellectuels, attirés par ses cafés littéraires. L'endroit a pris un caractère plus commerçant au XIXe siècle, avec la construction d'un marché couvert, édifié dans un style néo-antique, qui survit aujourd'hui, même si les boutiques de mode y remplacent les étals de fruits et légumes.

⊖ Covent Garden

6. TRAFALGAR SQUARE

Dessiné en 1820 par John Nash, l'architecte attitré de George IV, ce grand square, où est située l'entrée de la National Gallery, est dominé par la colonne de Nelson, le héros anglais qui vainquit Napoléon lors de la bataille de Trafalgar, et entouré de statues de lions en bronze et de fontaines. Si l'endroit est surtout fréquenté par les touristes, il est aussi envahi de Londoniens qui viennent y assister aux concerts publics organisés par la mairie de Londres.

Voir www.london.gov.uk/trafalgarsquare pour le programme des événements gratuits.

Charing Cross

7. THE NATIONAL PORTRAIT GALLERY

GRATUIT

Adjacent à la National Gallery, ce musée fondé en 1856 contient plus de 160 000 portraits (parfois comiques, ou cinglants) représentant des Britanniques célèbres, du XVIe siècle à nos jours. Particulièrement intéressant pour sa sélection éclectique de personnages, qui comprend rois, politiciens, dramaturges, acteurs, pop stars et créateurs de mode, d'Henri VIII à Kate Moss, représentés pour leur influence sur la culture et l'histoire du pays.

Gratuit sauf pour les expositions temporaires (tarif variable, 5 à 12 £).

St Martin's Lane, WC2
Charing Cross, Leicester Square
020 7306 0055
www.npg.org.uk
10h-18h tlj sauf jeu et ven jusqu'à 21h

8. THE NATIONAL GALLERY

GRATUIT

Ce bâtiment néoclassique de 1838 contient la plus belle collection d'art du pays, comparable en qualité et par sa variété à celles du Louvre et de l'Hermitage. Ses 2 300 tableaux, peints par les grands maîtres de l'art occidental (Sandro Botticelli, Léonard de Vinci, Rembrandt, etc.) couvrent la période du XIIIe siècle au début du XXe siècle. Ne ratez pas *La Toilette de Vénus* de Diego Vélasquez et *Les Grandes Baigneuses* de Paul Cézanne.

Gratuit sauf expositions temporaires (6-12 £).

Trafalgar Square, WC2
Charing Cross • 020 7747 2885
www.nationalgallery.org.uk
10h-18h tlj sauf ven jusqu'à 21h

9. FREEMASONS HALL

GRATUIT

Cet immeuble imposant de 8 700 m² abrite le quartier général des francs-maçons anglais ainsi que les principales loges maçonniques de la capitale britannique. Classé monument historique, il s'agit du seul bâtiment Art déco londonien ayant été entièrement préservé depuis sa construction (1927-1932). Sa bibliothèque, doublée d'un musée de la Franc-Maçonnerie qui rassemble de nombreux objets rituels ayant appartenu à de célèbres francs-maçons anglais, comme Winston Churchill et Peter Sellers, est ouverte au public, et son imposant Grand Temple fait l'objet de visites guidées.

60 Great Queen Street WC2 • Covent Garden, Holborn • 020 7831 9811 • www.ugle.org.uk/freemasons-hall • 10h-17h lun-ven
Visites guidées à 11h, 12h, 14h, 15h et 16h quand le temple n'est pas en activité

10. CHINATOWN

Le quartier chinois de Londres se trouvait à l'origine à l'est de la ville, mais les bombardements ont entraîné le déplacement de sa population vers le centre. Plus qu'une zone résidentielle, Chinatown, articulé autour de Gerrard Street, constitue le cœur commerçant et culturel de la communauté asiatique, avec 78 restaurants, 53 magasins et 12 bars, et une multitude de festivals. Les nombreux éléments de culture et de quotidien asiatiques (plaques de rues en chinois, pagodes...) en font un endroit particulièrement dépaysant.

⊖ Leicester Square

12. ST MARTIN-IN-THE-FIELDS

GRATUIT

Cette belle église au fronton corinthien, dessinée par l'architecte James Gibbs et datant de 1726, est réputée depuis son ouverture pour la qualité de ses concerts ; elle a accueilli entre autres Haendel et Mozart. Des concerts gratuits y sont organisés, selon une tradition datant de la Seconde Guerre mondiale, et permettent à de jeunes musiciens professionnels de se produire en public. Des concerts de jazz et de musique classique (payants) sont aussi organisés dans son café, dans la crypte de l'église.

→ ***Concerts gratuits lun, mar et ven à 13h. Voir le site Internet pour le programme.***

St Martin's Place, face à Trafalgar Square
⊖ Charing Cross • 020 7839 8362
www.stmartin-in-the-fields.org

11. SOMERSET HOUSE (COURTAULD GALLERY)

Construite au XVIe siècle par les Tudors, qui en avaient fait l'un de leurs palais, totalement reconstruite à partir de 1775 dans un style néoclassique, elle abrite une très belle collection de peintures – notamment impressionnistes – dans sa galerie Courtauld. Le spectacle de ses 55 fontaines l'été, sa patinoire l'hiver, et ses nombreuses manifestations culturelles en font un lieu prisé des visiteurs.

Strand London WC2 • ⊖ Charing Cross, Temple
020 7845 4600 • www.somersethouse.org.uk
8h-18h tlj • **Visites guidées gratuites jeu 13h15/14h45 et sam 12h15/13h15/14h15/15h15 • Entrée payante (6 £) pour l'Institut Courtauld**, ouvert tlj 10h-18h

13. SIR JOHN SOANE'S MUSEUM

GRATUIT

Cette bâtisse, construite par l'architecte John Soane entre 1792 et 1824, et formée de trois maisons interdépendantes, est l'une des plus étonnantes de Londres. Son caractère unique, avec sa structure labyrinthique et ses jeux de surprises architecturales, est encore accru par sa collection éclectique de trésors, laissés par Soane à la nation. Immanquables : le sarcophage de Seti, de 1370 av. J.-C. et *A Rake's Process*, de William Hogarth, célèbre peintre anglais du XVIIe siècle.

13 Lincoln's Inn Fields WC2
⊖ Holborn • 020 7440 4263
www.soane.org
10h-17h mar-sam, 18h-21h
chaque 1er mardi du mois (gratuit)
Visite guidée le sam à 11h (10 £)

À TABLE !

14. ARBUTUS

MODERN BRITISH

Ce restaurant sympathique à la décoration simple, toujours plein, est l'un des favoris des gens du quartier, et l'on comprend pourquoi. La nourriture, d'excellente qualité, est sophistiquée et inventive mais dépourvue de fioritures superflues, la priorité étant donnée à la fraîcheur des ingrédients. Excellente adresse pour les gourmets...

Profitez de l'excellent rapport qualité/prix du menu fixe du midi (16,95 £, entrée-plat-dessert).

63-64 Frith Street W1 • Oxford Circus
020 7734 4545 • www.arbutusrestaurant.co.uk
12h-14h30/17h-23h lun-sam, 12h-15h/17h30-22h30 dim

VERY CHEAP

15. BYRON

HAMBURGERS

Le secret ? Des bœufs angus nourris pendant trois ans à la bonne herbe de la région écossaise des Highlands. Le résultat ? Des hamburgers juteux à souhait, à savourer avec les doigts, dans le cadre clair et spacieux de cet ancien cabaret. La carte est simple mais les amoureux de burgers façon gourmet seront ravis. Plats principaux : 6,50-10,50 £.

33-35 Wellington Street WC2 • Covent Garden
020 7420 9850 • www.byronhamburgers.com
12h-23h lun-jeu, 12h-23h30 ven-sam, 12h-22h30 dim

VERY CHIC

16. YAUATCHA

CHINOIS CONTEMPORAIN

Rien de traditionnel dans cet excellent restaurant-salon de thé chinois, à la cuisine fusion moderne et au décor ultracontemporain, à dominante de verre bleu très chic. On y sert toute la journée d'excellentes bouchées à la vapeur (*dim sum*), ainsi que de délicieuses pâtisseries, comme les macarons aux kumquats, à l'hibiscus ou au jasmin. *Dim sum* : 4-15 £ par plat.

15 Broadwick Street W1
Oxford Circus, Piccadilly Circus • 020 7494 8888
www.yauatcha.com
11h-23h30 lun-sam,
12h-22h45 dim

17. DEAN STREET TOWNHOUSE

AMBIANCE BRASSERIE

Ce restaurant, situé dans une belle maison construite en 1732, abrita jadis le Gargoyle, un club privé fréquenté par Fred Astaire et Francis Bacon. Il est très prisé des gens des médias qui travaillent à Soho, et sa décoration allie le charme d'un club de gentlemen à une atmosphère animée de brasserie. Plats servis en continu à partir de 11 £.

Profitez du menu "pré-théâtre" servi entre 17h et 19h (2 plats 16,50 £, 3 plats 19,50 £).

69-71 Dean Street W1 • Oxford Circus
020 7434 1775 • www.deanstreettownhouse.com
7h-minuit lun-jeu, 7h-1h ven, 8h-1h sam, 8h-22h30 dim

18. WAHACA

VERY CHEAP

MEXICAIN MODERNE

Ce restaurant au décor contemporain et funky propose une cuisine d'inspiration mexicaine aux goûts du XXIe siècle : une bonne nouvelle pour les curieux désireux de goûter des tacos plus "fusion" que traditionnels. Plats principaux 4,75-9,95 £.

66 Chandos Place WC2 • Covent Garden
020 7240 1883 • www.wahaca.co.uk
12h-23h lun-sam, 12h-22h30 dim

19. DEHESA

MÉDITERRANÉEN

Les jambons sont à l'honneur dans ce bar à tapas italo-espagnol élégant, ainsi que des tapas comme les "fleurs de courgettes farcies au chèvre, assaisonnées de miel", la spécialité maison. Tapas 3,75-11,25 £.

25 Ganton Street W1
Oxford Circus
020 7494 4170
www.dehesa.co.uk
12h-15h/17h-23h lun-ven,
12h-23h sam, 12h-17h dim

20. BARRAFINA

TAPAS

On pourrait se croire à Madrid ou à Barcelone dans ce bar à tapas qui privilégie une approche plutôt moderne dans sa déco et sa cuisine, sans pour autant perdre de son authenticité. Tapas à partir de 6,20 £.

54 Frith Street W1 • Oxford Circus • 0207 813 8016
www.barrafina.co.uk
12h-15h/17h-23h lun-sam,
12h-15h30/17h30-22h dim

21. CAFÉ BOHÈME

BRASSERIE

Ce restaurant animé, décoré sur le modèle d'un bistrot parisien, propose une bonne cuisine traditionnelle (moules marinière, steak tartare, coq au vin...). Il a aussi l'avantage de servir toute la journée et d'être ouvert très tard, une rareté à Londres... Plats principaux 7-19 £.

··· ***Profitez des concerts de jazz tous les week-ends entre 15h30 et 18h30.***

13 Old Compton Street W1 • ⊖ Piccadilly Circus, Leicester Square • 020 7734 0623
www.cafeboheme.co.uk
8h-3h lun-ven, 9h-3h sam, 9h-minuit dim

22. HUMMUS BROS

VERY CHEAP

MÉDITERRANÉEN

Le principe est simple: choisir un accompagnement (poulet, bœuf, champignons, etc.) servi ensuite en plat principal avec du hoummous et un pain pita tout chaud. La limonade maison (avec menthe et gingembre) est excellente. Plat principal 3,50-8,45 £.

88 Wardour Street W1 • -Oxford Circus
020 7734 1311 • www.hbros.co.uk
12h-22h dim-mer, 12h-23h jeu-sam

23. IMLI

VERY CHEAP

INDIEN MODERNE

Ce restaurant indien "concept" s'inspire des bars à tapas pour servir une cuisine indienne contemporaine assez raffinée et très abordable. Déco simple et moderne, dans les teintes orangées. Plats principaux 3,95-7,95 £.

··· ***Particulièrement abordable, le menu "pré-théâtre" (16h-19h) inclut trois plats pour 12,95 £.***

167-169 Wardour Street W1
⊖ Oxford Circus • 020 7287 4243
www.imli.co.uk • 12h-23h lun-mer, 12h-23h30 jeu-sam, 12h-22h dim

24. CIRCUS

DÎNER-SPECTACLE

À l'impressionnant décor conçu par le designer anglais Tom Dixon, ce restaurant glamour ajoute une touche festive, avec ses drôles de minispectacles organisés lors du repas. Essayez de réserver la table principale, qui sert aussi de scène aux danseuses exotiques, acrobates et autres artistes ! Plats principaux autour de 13,50-25 £.

27-29 Endell Street WC2
⊖ Covent Garden • 020 7420 9300
www.circus-london.co.uk
17h30-minuit lun-mar,
12h-14h30/17h30-minuit mer,
12h-14h30/17h30-2h jeu,
12h-14h30/17h-2h ven-sam,
11h-14h30 dim

25. CHA CHA MOON

NOUILLES ASIATIQUES

Ce "bar à nouilles" chinois contemporain, où l'on mange sur de longues tables communes en regardant les chefs en cuisine, sert de bonnes soupes, curries et salades. Les cocktails asiatiques sans alcool (avec gingembre, citronnelle ou noix de coco) sont agréables. Plats principaux 6,30-9,60 £.

15-21 Ganton Street W1 • ⊖ Oxford Circus
020 7297 9800 • www.chachamoon.com
12h-23h lun-jeu, 12h-23h30 ven-sam, 12h-22h30 dim

26. CHOWKI

VERY CHEAP

INDIEN

Le menu change avec les saisons dans ce restaurant sans prétention dont les plats sont inspirés des 27 cuisines régionales indiennes. Authentique et relax. Plats principaux (curry et riz) à partir de 8,50 £.

2-3 Denman Street W1
⊖ Piccadilly Circus
020 7439 1330 • www.chowki.com
12h-23h30 lun-sam, 12h-22h30 dim

27. MOTHER MASH

PURÉE AMÉLIORÉE

Un restaurant "concept-purée"? Mais oui, ça existe! L'endroit fait la part belle à la pomme de terre, en proposant un menu complet avec choix de 7 purées, accompagnées de 8 types de saucisses ou 6 tourtes, le tout recouvert de sauces (5 types). Bon et rassasiant. Menus 6,95-7,95 £.

26 Ganton Street W1 • ⊖ Oxford Circus
020 7494 9644 • www.mothermash.co.uk
8h30-tard tlj

28. TOM'S KITCHEN

VERY BRITISH

BRASSERIE BRITISH

Le style "rustique chic" de cette brasserie accompagne bien la cuisine de Tom Aikens, le plus jeune chef britannique à avoir décroché deux étoiles Michelin, à 26 ans. La nourriture y est plus simple que dans son restaurant gastronomique de Chelsea, mais jamais un steak tartare ou un crabe du Dorset n'aura paru aussi élégant que dans le cadre magique de Somerset House. Plats principaux 9-28 £.

Strand London WC2 • ⊖ Charing Cross, Temple • 020 7845 4646
www.tomskitchen/somersethouse
12h-15h/18h-22h lun-ven, 10h-16h sam-dim (brunch)

29. SPUNTINO

ITALO-NEW YORKAIS

On pourrait presque se croire à Brooklyn dans ce restaurant au décor louche et industriel, qui semble tout droit sorti d'un film de Scorsese. La queue quasi-permanente (on ne peut pas réserver) témoigne de la popularité de l'endroit, et de celle de sa cuisine italo-new-yorkaise. Les mini-burgers, mini-pizzas et mini-plats à partager sont succulents et font de ce (faux) fast-food de luxe une excellente adresse.

61 Rupert Street W1
⊖ Piccadilly Circus
Pas de téléphone
www.spuntino.co.uk
11h-minuit lun-sam,
12h-23h dim

30. VANTRA

"WORLD FOOD" POUR VÉGÉTARIENS

L'accent est mis non seulement sur le bio mais aussi sur la santé et les bienfaits nutritifs de ce concept de cuisine du monde "éthique". La moussaka et les lasagnes sont cuites à la vapeur, les gâteaux au chocolat sont crus, les laits créés à partir d'amandes et noix diverses. Côté décor, de grands bancs et tables en bois et une déco ethnique rendent le lieu assez exotique. Plats à partir de 3,90 £ et formule buffet à partir de 9,90 £.

11-13 Soho Street W1 • ⊖ Tottenham Court Road • 020 7287 6060 • www.vantra.co.uk • 12h-23h lun-sam, 12h-20h dim

31. WASABI

Cette chaîne de sushis offre un rapport qualité/prix absolument imbattable. Chaque pièce est emballée de façon individuelle, ce qui permet de choisir le nombre et le type de sushis que l'on souhaite acheter. Il y a aussi un comptoir de soupes et plats chauds pour ceux que le poisson cru ne tente pas. Le décor est simplissime : quelques tables permettent de consommer les produits sur place, mais l'idée est plutôt d'emporter ses plats avec soi. À partir d'1 £ pour deux sushis.

8 Oxford Street Branch W1 • ⊖ Tottenham Court Road
0207 580 0062 • www.wasabi.uk.com
10h30-23h lun-sam, 10h30-20h dim

32. JAMIE'S ITALIAN

ITALIEN BRANCHÉ

Ce restaurant au décor aéré et simple, qui mêle touches rustiques et design contemporain, fait partie de la nouvelle chaîne créée par l'infatigable "celebrity chef" Jamie Oliver. Le menu offre un grand choix de plats bien cuisinés et abordables, à la qualité et fraîcheur dignes d'un bon restaurant familial. Antipasti à partir de 3,45 £ et plats principaux à partir de 9,50 £.

Le risotto à la truffe noire (6,75-11,50 £) est particulièrement bon (et bon marché).

11 Upper St Martin's Lane WC2 • ⊖ Covent Garden, Leicester Square • 020 3326 6390
www.jamieoliver.com/italian • 12h-23h30 lun-sam, 12h-22h30 dim

33. CINNAMON SOHO

INDIEN CONTEMPORAIN

Petit frère du restaurant gastronomique Cinnamon Club, Cinnamon Soho offre le même concept de cuisine indienne contemporaine, mais à des prix plus abordables. Le décor, qui mélange lignes épurées et bois chaud, est résolument moderne et très peu indien, et la carte très variée. Petits plats à partager à partir de 3 £ et plats principaux à partir de 9 £.

Bon plan : la formule brunch du dimanche (20 £ pour 2 plats, 24 £ pour 3 plats et moins de 12 ans à moitié prix) est intéressante.

5 Kingly Street W1 • ⊖ Oxford Circus
020 3642 8725
www.cinnamon-kitchen.com/Soho-Home
11h-23h lun-sam, 11h30-15h dim

34. NOPI

BRASSERIE FUSION

Le décor ultra-chic de cette brasserie où le blanc domaine mélange avec bonheur murs en briques apparentes, marbre et cuivre, lui donnant de faux airs de loft new-yorkais. La cuisine "fusion" est résolument innovante, mêlant diverses saveurs et traditions culinaires entre Europe et Asie. Les serveurs conseillent trois plats à partager par personne, mais deux suffisent amplement. Plats à partager à partir de 7 £.

21 Warwick Street W1 • ⊖ Piccadilly Circus
020 7494 9584 • www.nopi-restaurant.com
9h-23h30 lun-sam, 10h-16h dim

35. DISHOOM

CAFÉ
INDO-PERSO-LONDONIEN

Se définissant comme un "café de Bombay à Londres", Dishoom vise à recréer les cafés iraniens populaires à Bombay du temps des colonies. Le concept est amusant, avec un menu très varié qui mêle cuisine de rue indienne, saveurs perses et classiques anglais. Petits plats à partir de 3,20 £ et plats principaux à partir de 6,70 £.

12 Upper St Martin's Lane WC2
⊖ Covent Garden • 020 7420 9320
www.dishoom.com
8h-23h lun-jeu, 8h-minuit ven,
10h-minuit sam, 10h-22h dim

AUTOUR D'UN VERRE...

37.

38.

36. PRINCI

VERY CHEAP

BAR-BOULANGERIE

Voici une boulangerie comme vous n'en avez sans doute jamais vu : ultradesign, tout en granit, verre et fontaines minimalistes jaillissant des murs, avec un bar italien servant Bellini et Campari, tandis que les pâtissiers enfournent pains, tartes, pizzas et croissants en arrière-plan. Un endroit original, du café du matin jusqu'au digestif du soir. Viennoiseries et tranches de pizza autour de 2 £. Boissons chaudes autour de 2 £, jus de fruits 3,50 £.

135 Wardour Street W1 • Oxford Circus
020 7478 8888 • www.princi.co.uk
7h-minuit lun-sam, 9h-23h dim

37. EL CANTARA

VERY CHEAP

BAR HISPANO-MAROCAIN

Le décor de ce restaurant, entre Andalousie (rez-de-chausée) et Marrakech (1er étage) est aussi chaleureux que sa cuisine. Sa terrasse, où l'on peut fumer le narguilé, est particulièrement agréable. Verre de sangria 4,50 £ et cocktails alcoolisés à partir de 6,50 £.

45 Frith Street W1
Piccadilly Circus • 020 7734 6868
www.elcantara.co.uk
12h-1h lun-sam, 12h-minuit dim

38. BRUMUS BAR

VERY CHIC

BAR À COCKTAILS

Situé dans le très chic hôtel Haymarket, ce bar, aussi salon de thé et restaurant, allie le charme de la vieille Angleterre à une ambiance glamour. La déco rose-choc ajoute une touche fun à l'ensemble, et les cocktails sont très bons. Cocktails à partir de 11 £, tapas à partir de 3,50 £.

Haymarket Hotel, 1 Suffolk Place SW1
Piccadilly Circus
020 7470 4000 • www.firmdale.com
7h-minuit lun-sam, 8h-23h dim

39. G.A.Y

VERY CHEAP

BAR GAY

Outrancier et fun, ce bar gay situé sur trois étages (dont un réservé aux lesbiennes) est devenu une vraie institution de Soho. Détendu et festif : on y vient avant tout pour s'amuser. Alcool à partir de 2 £.

30 Old Compton Street W1
Piccadilly Circus
www.g-a-y.co.uk
12h-minuit tlj

40. FLORIDITA

BAR CUBAIN

Ce bar latino très glamour, à la déco d'inspiration années 1930 revue façon XXIe siècle, se fait une fierté de ses cocktails – le daïquiri ayant d'ailleurs été inventé au Floridita de La Havane, dont ce bar s'inspire. À noter pour les fumeurs : les cocktails parfumés au tabac ! Cocktails à partir de 8,50 £.

100 Wardour Street W1
⊖ Tottenham Court Road
020 7314 4000
www.floriditalondon.com
17h30-2h mar-mer, 5h30-3h jeu-sam

41. MAISON BERTAUX

CAFÉ FRANCAIS

Une institution fermement implantée au cœur de Soho depuis les années 1950, qui a des allures de bistrot parigot, et un décor résolument rétro et "frenchie" qui lui vaut de nombreux fans. Pratique pour ceux qui aiment leur classique croissant-café crème ! Boissons chaudes autour de 2,50 £.

28 Greek Street W1
⊖ Tottenham Court Road
020 7437 6007 • www.maisonbertaux.com
8h30-23h lun-sam, 8h30-19h30 dim

42. FRENCH HOUSE

VERY CHEAP

BAR À VINS

Le bar préféré de Charles de Gaulle a aussi vu passer entre ses murs de nombreux artistes et acteurs, comme Francis Bacon, Judi Dench ou Led Zeppelin. Aujourd'hui, il conserve son atmosphère légèrement intello et bohème, même si sa clientèle est plus branchée. Verre de vin à partir de 2,95 £.

49 Dean Street W1
⊖ Piccadilly Circus
020 7437 2477
www.frenchhousesoho.com
12h-23h lun-sam, 12h-22h30 dim

43. VISTA

BAR AVEC VUE

Parfait par beau temps, ce bar situé sur le toit du Trafalgar Hotel dispose d'une vue fabuleuse sur Trafalgar Square et le West End. Avec sa terrasse élégante en teck et ses lignes épurées, l'endroit est *very romantic* ! Bières à partir de 4,95 £.

The Trafalgar, 2 Spring Gardens, Trafalgar Square, SW1 • ⊖ Charing Cross
020 7870 2900 • www.thetrafalgar.com • 12h-23h lun-sam, 12h-22h dim

44. REFUEL BAR

BAR

Avec son comptoir en zinc Belle Époque et ses vitraux colorés, ce bar a un charme rétro tempéré par des meubles contemporains et une clientèle plutôt branchée. Il doit son nom à l'ancienne station-service qui occupait jadis les lieux. Cocktails 11-13,50 £, plats à partir de 7,50 £.

Soho Hotel, 4 Richmond Mews W1 • ⊖ Oxford Circus • 020 7559 3007
www.firmdale.com
7h-minuit lun-sam, 8h-23h dim

45. FERNANDEZ & WELLS

CAFÉ GOURMET

Ici, on prend le café au sérieux! Les patrons n'utilisent que leur propre mélange maison, ce qui en fait un endroit très populaire parmi les gens de Soho. Sandwichs et petites douceurs (viennoiseries, gâteaux) de première qualité également.

73 Beak Street W1
⊖ Oxford Circus
020 7287 8124 • www.fernandezandwells.com
7h30-18h lun-ven, 9h-18h sam, 10h-18h dim

46. NORDIC BAKERY

SALON DE THÉ SCANDINAVE

Il n'y a pas que ses pains au lait finlandais à la cannelle ou ses gâteaux suédois au gingembre qui valent le détour: caractère scandinave oblige, le design (lignes pures, bois naturel, murs bleus) est aussi impressionnant. Café et thé 1,60-2,60 £, gâteaux et sandwichs 1,75-4 £.

14 Golden Square W1
⊖ Piccadilly Circus
020 3230 1077
www.nordicbakery.com
8h-20h lun-ven, 9h-19h sam, 11h-18h dim

47. BENTLEY'S OYSTER BAR & GRILL

BAR À HUÎTRES

Ce bar à huîtres n'a pas beaucoup changé depuis son ouverture en 1916, et c'est tant mieux: son cadre Art déco est sophistiqué et élégant, et l'on peut y déguster de fabuleuses huîtres en buvant un verre au comptoir ou sur les banquettes. Verre de vin à partir de 5,75 £, huîtres à partir de 12,50 £ la demi-douzaine.

11-15 Swallow Street W1 • ⊖ Piccadilly Circus • 020 7734 4756 • www.bentleys.org
12h-minuit lun-sam, 12h-22h dim

48. MÔ TEA ROOM (MOMO)

BAZAR CAFÉ

Le décor maghreb chic/bazar exotique, allié aux narguilés et aux cocktails maison, fait de cette institution londonienne une adresse particulièrement sympathique. La terrasse est très agréable. Thé à la menthe 2,50 £.

25 Heddon street W1 • ⊖ Oxford Circus • 020 7434 4040 • www.momoresto.com • 12h-1h tlj

49. THE NATIONAL CAFÉ

CAFÉ GLAMOUR

Ce café élégant, aux murs noirs et aux banquettes rouges, n'a pas grand-chose à voir avec les habituelles cafétérias de musée. Parfait pour un café après une expo, mais aussi pour un verre le soir. Boissons chaudes 1,95-2,60 £. Bière à partir de 3,60 £ et verre de vin à partir de 4 £.

Trafalgar Square WC2 (aile est de la National Gallery) ⊖ Charing Cross • 020 7747 5942 www.thenationalcafe.com • 8h-23h lun-ven, 10h-23h sam, 10h-18h dim

50. BREAKFAST CLUB

CAFÉ NOSTALGIQUE

Les ex-ados des années 1980 apprécieront ce petit café inspiré du film du même nom, aux murs tapissés de posters rétro. Le petit-déjeuner – anglais ou américain – est évidemment à l'honneur, et servi jusqu'à 17h... Brunch aux alentours de 10 £.

33 D'Arblay Street W1 • ⊖ Oxford Circus • 020 7434 2571 • www.thebreakfastclubcafes.com 8h-21h lun-ven, 9h-21h sam, 9h-17h dim

51. CAFÉ IN THE CRYPT

VERY CHEAP

CAFÉ SOUTERRAIN

Cette crypte spectaculaire, qui se trouve sous l'église St-Martin-in-the-Fields et date du XVIIIe siècle, abrite un café bon marché. Parfait pour les amateurs d'histoire. Thé et café à partir de 1,50 £ et alcool à partir de 3,50 £.

→ ***L'afternoon tea*, *avec sélection de scones et de gâteaux, à 5,95 £ est l'un des moins chers du centre de Londres (entre 14h et 18h).***

Trafalgar Square WC2 (entrée par le pavillon à gauche de l'église) • ⊖ Charing Cross 020 7766 1158 • www.stmartin-in-the-fields.org 8h-20h lun-mar, 8h-19h mer, 8h-21h jeu-sam, 11h-18h dim sam, 10h-18h dim

52. BUBBLEOLOGY

SALON DE THÉ LABORATOIRE

Les serveurs en blouse blanche de ce bar à thé, au décor de laboratoire de chimie, vous apportent les “Bubble Tea”. Cette boisson à base de thé, créée à Taïwan dans les années 80, est servie avec des boules de tapioca que l’on aspire à l’aide d’une paille géante. Les saveurs sont innovantes et l’expérience amusante : les enfants adorent ! 3,45-3,75 £ par boisson.

49 Rupert Street W1 • ⊖ Piccadilly Circus
www.bubbleology.co.uk • 11h-23h lun-jeu, ven-dim horaires élargies, consulter le site

53. MILK AND HONEY

BAR À COCKTAILS

Ce club privé, au décor masculin et sombre, est accessible au public à certaines heures sur réservation. Si l’ambiance y est alors plus calme, les amateurs de cocktails y trouveront néanmoins leur compte grâce à une carte à la fois classique et innovante, aux recettes maîtrisées et aux prix abordables (cocktails 5-8,50 £).

61 Poland Street W1 • ⊖ Oxford Circus
020 7065 6840 • www.mlkhny.com/london
18h-23h lun-sam pour les non membres

54. EXPERIMENTAL COCKTAIL CLUB

SPEAKEASY BRANCHÉ

Ce bar secret, cousin de l’établissement parisien du même nom, est situé dans Chinatown, un choix en soi original. L’ECC sert d’excellents cocktails (10 £) à une clientèle de *beautiful people*, qui apprécient son caractère pseudo-clandestin et son décor de speakeasy new-yorkais. Réservation par e-mail fortement conseillée.

13A Gerrard Street W1 • ⊖ Leicester Sq
experimentalcocktailclublondon.com
18h-3h lun-sam, 18h-minuit dim

55. FLAT WHITE

CAFÉ ANTIPODIEN

Ce petit café tenu par des Australiens ne paye pas de mine, mais constitue l’une des adresses préférées des locaux. Si le cadre est simplissime et la carte sans prétention, l’ambiance y est décontractée, le café (à partir de 1,80 £) de bonne qualité et les pâtisseries, salades et sandwichs, faits maison et abordables.

17 Berwick Street W1 • ⊖ Oxford Circus •
020 7734 0370 • www.flatwhitecafe.com •
8h-19h lun-ven, 9h-18h sam-dim

56. JOE & THE JUICE

BAR À JUS

Ce petit établissement à l'ambiance relax sert de bons jus et milk-shakes (3,85-4,95 £), qui ont le mérite d'être faits à base de fruits et légumes frais. Les sandwichs chauds (4,25 £) sont également tout à fait honorables et parfaits pour un déjeuner sur le pouce.

65-67 Broadwick Street W1 • ⊖ Oxford Circus • 7h30-20h30 lun-ven, 9h-20h sam, 10h-20h dim

57. BASSOON BAR

VERY CHIC

BAR ART DÉCO

Ce bar très glamour à l'ambiance tamisée mêle Art déco classique et détails innovants. Son piano-bar, littéralement un comptoir de bar classique, se termine par un piano intégré. Situé à l'intérieur du Corinthia, un superbe hôtel du XIXe siècle récemment rouvert, il propose d'excellents cocktails aux saveurs originales, comme le Martini au Bubblegum.

Corinthia Hotel, Whitehall Place, SW1
⊖ Charing Cross • 020 7321 3200
www.bassoonbar.co.uk • 16h-minuit lun-jeu et dim, 16h-1h ven et sam

58. LUCKY PIG

SPEAKEASY DE CHARME

Ce petit bar à cocktails est très populaire auprès des groupes d'amis en goguette. Un pianiste de jazz y joue en semaine, et le week-end le DJ maison fait danser les clients autour des tables. Son décor louche et glamour, inspiré des bars clandestins new-yorkais des années 20, ajoute encore à l'ambiance. Cocktails 9-9,50 £.

5 Clipstone Street W1 • ⊖ Great Portland St • 020 7436 0035 • www.theluckypig.co.uk/contact • 17h-1h lun-ven, 19h-1h sam

59. LA FROMAGERIE

FROMAGER CHIC

Avec son décor de bergerie chic et une large gamme de produits – fruits et légumes, charcuterie, pain, gâteaux, miels et vins –, le magasin tient plus du mini-marché provençal que du fromager. Son "testing-café" permet de déguster des plateaux de fromages espagnols, français ou italiens (8,75-13,50 £), accompagnés de vins (à partir de 5,20 £).

2-6 Moxon Street W1 • ⊖ Regent's Park
020 7935 0341 • www.lafromagerie.co.uk
8h-19h30 lun-ven, 9h-19h sam, 10h-18h dim

60. FRENCH CONNECTION

MODE SEXY

Cette chaîne de mode british s'est récemment réinventée comme destination phare de la mode tendance de qualité, à des prix relativement modérés (même s'ils peuvent parfois grimper assez haut). De bonnes coupes, de beaux matériaux et un style résolument sexy en font une bonne destination pour des tenues du soir chics et branchées.

→ ***Robes à partir de 55 £.***

249-251 Regent Street W1 • ⊖ Oxford Circus • 020 7493 3124
www.frenchconnection.com • 10h-20h lun-mer et ven, 10h-21h jeu, 10h-19h sam, 12h-18h dim

UN PEU DE SHOP-PING

61. TOPSHOP

VERY CHEAP

TEMPLE BRANCHÉ

Quand les starlettes hollywoodiennes débarquent à Londres, c'est dans ce temple dédié à la mode cool british, agencé sur quatre étages, qu'elles se précipitent toutes. Le magasin offre une multitude de collections très tendance à prix raisonnables, pour les femmes, les hommes et les bébés, ainsi que des collaborations originales, comme avec Kate Moss.

→ ***À noter en particulier : la collection "Unique", créée par des stylistes reconnus, comme Christopher Kane ou Jonathan Saunders, à des prix très inférieurs à leur propre marque.***

214 Oxford Street W1
⊖ Oxford Circus
0844 848 7487
www.topshop.com
9h-21h lun-sam, 11h30-18h dim

62. LIBERTY

VERY CHIC

GRAND MAGASIN CONCEPT

Fondé en 1875, le grand magasin à la façade à colombages a fait l'objet d'un sérieux coup de jeune depuis 2009. Destination phare des fous de mode, cet élégant concept-store bénéficie de collaborations exclusives et originales (Grayson Perry, Hermès ou Merci). Son très bel intérieur Tudor, construit dans les années 1920 à partir de la charpente de deux bateaux de la Navy, se visite comme un musée.

→ ***Son* gift shop *permet de rapporter un souvenir (tasse, porte-clés, cahier...) aux célèbres imprimés Liberty, sans se ruiner.***

Regent Street W1
⊖ Oxford Circus
020 7734 1234
www.liberty.co.uk
10h-21h lun-sam, 12h-18h dim

63. ANTHROPOLOGIE

IDÉES LIFESTYLE

Cette première branche européenne de la chaîne américaine unit originalité et bon goût. Si les objets de déco, bijoux et vêtements assez originaux ne sont pas toujours donnés, ils offrent cependant un bon rapport qualité/prix, et la sélection est originale et ludique : pour l'achat donc, mais aussi pour la source d'inspiration.

➜ ***Les tabliers de cuisine (20-25 £) sont si mignons (voire sexy) qu'on pourrait presque les porter en robes.***

158 Regent Street W1 • ⊖ Oxford Circus, Piccadilly Circus • 020 7529 9800
www.anthropologie.co.uk • 10h-19h lun-mer, 10h-20h jeu, 10h-19h ven-sam, 12h-18h dim

62.

63.

66.

64. SCREENFACE

MAQUILLAGE PRO

Cette caverne d'Ali Baba du maquillage, très fréquentée par les professionnels, offre toutes sortes d'accessoires et de produits (de sa marque et d'autres) que l'on ne trouve souvent pas ailleurs dans le commerce. Les prix y sont relativement élevés, mais la qualité est très bonne.

➜ ***Pourquoi ne pas essayer une paire de bijoux de sourcils (7,95 £) ?***

48 Monmouth Street WC2
⊖ Covent Garden • 020 7836 3955
www.screenface.com
10h30-18h lun-sam, 12h-17h dim

65. SIZE?

BASKETS POUR COLLECTORS

Si vous êtes un homme, et que vous recherchez désespérément une paire de Gazelles Adidas introuvables, une édition limitée de Vans décorées par Crayola, des Nike vintage ou des Converse de sport, Size ? est l'endroit où vous trouverez votre bonheur. L'accent est clairement mis sur le look, plutôt que sur le sport. Baskets 39-200 £ (pour des éditions limitées exclusives).

37A Neal Street WC2 • ⊖ Covent Garden
020 7836 1404 • www.size.co.uk
10h-19h30 lun-ven, 10h-20h sam, 12h-18h dim

66. KURT GEIGER

TALONS MODE

Difficile de ne pas trouver chaussures branchées à son pied dans ce magasin, qui offre une sélection de modèles aux styles et prix variés. La marque la plus chic, Kurt Geiger, est chère (130-350 £), mais elle n'a rien à envier en termes de qualité et d'inventivité aux grands créateurs de mode.

➜ ***Miss KG et KG by Kurt Geiger sont plus accessibles (à partir de 60 £).***

198 Regent Street W1 • ⊖ Oxford Circus • 020 3238 0044 • www.kurtgeiger.com
10h-20h lun-ven, 10h-19h sam, 12h-18h dim

67. NEAL'S YARD DAIRY

VERY BRITISH

FROMAGES MADE IN BRITAIN

Entièrement dédié à la production britannique et irlandaise, ce magasin a en grande partie contribué à la renaissance des fromages artisanaux britanniques. Le patron possède sa propre cave d'affinage et vend les fromages de 70 producteurs indépendants, sélectionnés pour leur qualité. En plus des traditionnels cheddar ou stilton, on trouve de très bons fromages de chèvre, de brebis ou de vache.

17 Shorts Gardens WC2 • ⊖ Covent Garden • 020 7240 5700
www.nealsyarddairy.co.uk • 11h-19h lun-sam

67.

69.

68. MAGMA

VERY CHEAP

CADEAUX DESIGN

Ne vous laissez pas abuser par sa taille : la boutique a beau être petite, elle est truffée d'idées de cadeaux ultra-originaux et très design, qui ont l'avantage de coûter moins de 10 £ pour beaucoup d'entre eux. On peut y trouver de drôles d'écouteurs i-Pod en forme de tête de cochon, ou des tasses créées par les designers très branchés de "People will always need plates".

8 et 16 Earlham Street WC2
⊖ Covent Garden
020 7240 8498/7571
www.mymagma.com
10h-19h lun-sam, 12h-18h dim

69. THE ORGANIC PHARMACY

BEAUTÉ BIO

Aucun conservateur, produit chimique, colorant, ou parfum artificiel n'est utilisé dans les produits de soin et de beauté de cette marque britannique très éthique : au contraire, tous les ingrédients sont bio et pour beaucoup issus du commerce équitable. Ce souci de la santé n'est pas donné (autour de 35 £ pour la majorité des produits), mais il n'est pas excessif non plus, compte tenu de leur qualité.

➔ ***Le démaquillant au beurre de carotte est recommandé par Kylie Minogue !***

36 Neal Street WC2
⊖ Covent Garden
www.theorganicpharmacy.com
020 7836 3923
10h-19h lun-sam, 12h-18h dim

70. TREADWELLS

ASTRO-TAROT

À la recherche d'une planche ouija, d'une amulette, d'un calice sacré ou d'une baguette magique ? Peut-être pas. Reste qu'il est amusant de se rendre dans ce magasin ésotérique, qui fournit en ingrédients, accessoires et livres rituels les divers astrologues et voyants de la capitale.

→ ***Faites-vous tirer le tarot par les voyantes du magasin (30 £ pour 30 minutes et 50 £ pour une heure).***

34 Tavistock Street WC2 • ⊖ Covent Garden • 020 7240 89061
www.treadwells-london.com • 12h-19h tlj

71.

72.

71. CATH KIDSTON

VERY BRITISH

RÉTRO BRITISH

Avec ses imprimés frais et rétro de fleurs, pois, cow-boys, étoiles, voiliers, qui se déclinent sur tout un ensemble d'objets pour la maison et d'accessoires de mode, cette marque s'est taillée une place de choix parmi un public en quête d'accessoires *british* faussement traditionnels pas trop chers. Parfait en cadeaux souvenirs.

→ ***Faites le plein de porte-clés (4 £) à rapporter à la famille et aux amis.***

26-32 Shelton Street WC2
⊖ Covent Garden
020 7836 4803
www.cathkidston.co.uk
10h-19h lun-mer et ven-sam,
10h-20h jeu, 12h-18h dim

72. HAMLEYS

PARADIS DU JOUET

Un grand classique londonien ! Ce paradis des petits offre cinq étages de jouets, jeux et amusements en tout genre, avec démonstration à l'appui, et pour tous les prix. Créé en 1760, et présent sur son emplacement actuel depuis 1881, Hamleys est le plus vieux et le plus grand magasin de jouets d'Europe. Bruyant et toujours bondé, mais les enfants adorent !

188-196 Regent Street W1
⊖ Oxford Circus • 0871 704 1977
www.hamleys.com
10h-20h lun-ven, 9h-20h sam,
12h-18h dim

Westminster, Marylebone, St James et Mayfair

CHIC, CHER, INCONTOURNABLE

Westminster et St James forment le siège de la monarchie et le cœur du pouvoir britannique : on y trouve Buckingham Palace, le Parlement et la résidence du Premier ministre. Mayfair, le quartier le plus cher du Monopoly, a perdu de sa patine aristocratique mais pas de sa valeur immobilière, même s'il abrite moins de grandes familles. Quartier du luxe par excellence, il concentre un nombre impressionnant de magasins, bars et restaurants ultrachics, ainsi que les grandes maisons d'enchères et les galeries d'art les plus sélectes. Marylebone, un peu plus au nord, est un autre quartier traditionnel, jadis très calme mais qui compte aujourd'hui nombre de boutiques et de restaus sympathiques.

REPÈRES

LE SECTEUR DES FONDS D'INVESTISSEMENT ET DU SHOPPING CHIC : les rues situées aux alentours de Bond Street, particulièrement appréciées des financiers.
LE CENTRE DU POUVOIR : Parliament Square (le Parlement), Whitehall (le gouvernement) et Downing Street (la résidence du Premier ministre).
LE QUARTIER DE LA MONARCHIE : autour de Buckingham Palace et de St James Park, les résidences respectives de la reine et du prince Charles.

ESSENTIELS

LE PALAIS DE WESTMINSTER/⊙3 : ce palais néogothique est le siège de la Chambre des communes et de la Chambre des lords. Sa tour de l'horloge abrite la célèbre cloche Big Ben (détails p. 65).
BUCKINGHAM PALACE/⊙1 : le palais de la reine n'a pas la majesté d'autres résidences royales, mais la relève de la garde est spectaculaire (détails p. 64).
TATE BRITAIN/⊙2 : ce superbe musée renferme la plus belle collection qui existe d'art britannique (détails p. 64).
BOND STREET/⊙37 : la rue du luxe londonien, bordée de boutiques de mode ultrachics et de grands bijoutiers.

Confidentiels

LA CAVE À VINS D'HENRI VIII/⊙6 : bâtie en 1514, située au sous-sol du ministère de la Défense, c'est un des seuls bâtiments du palais de Whitehall rescapés de l'incendie de 1698. Une chance ! (détails p. 66)
LES DEUX CABINES TÉLÉPHONIQUES DE BURLINGTON HOUSE/⊙38 : situées à l'entrée de la Royal Academy, ces créations originales de 1926 sont classées monuments historiques de Londres !
BERRY BROTHERS & RUDD/⊙39 : situé au 3 St James St, ce magasin datant de 1698 est le plus vieux marchand de vin de Londres.
N°4 CARLTON GARDENS/⊙40 : c'est dans ce bâtiment classé monument historique qu'était situé le QG des Forces françaises libres de Charles de Gaulle durant la Seconde Guerre mondiale.

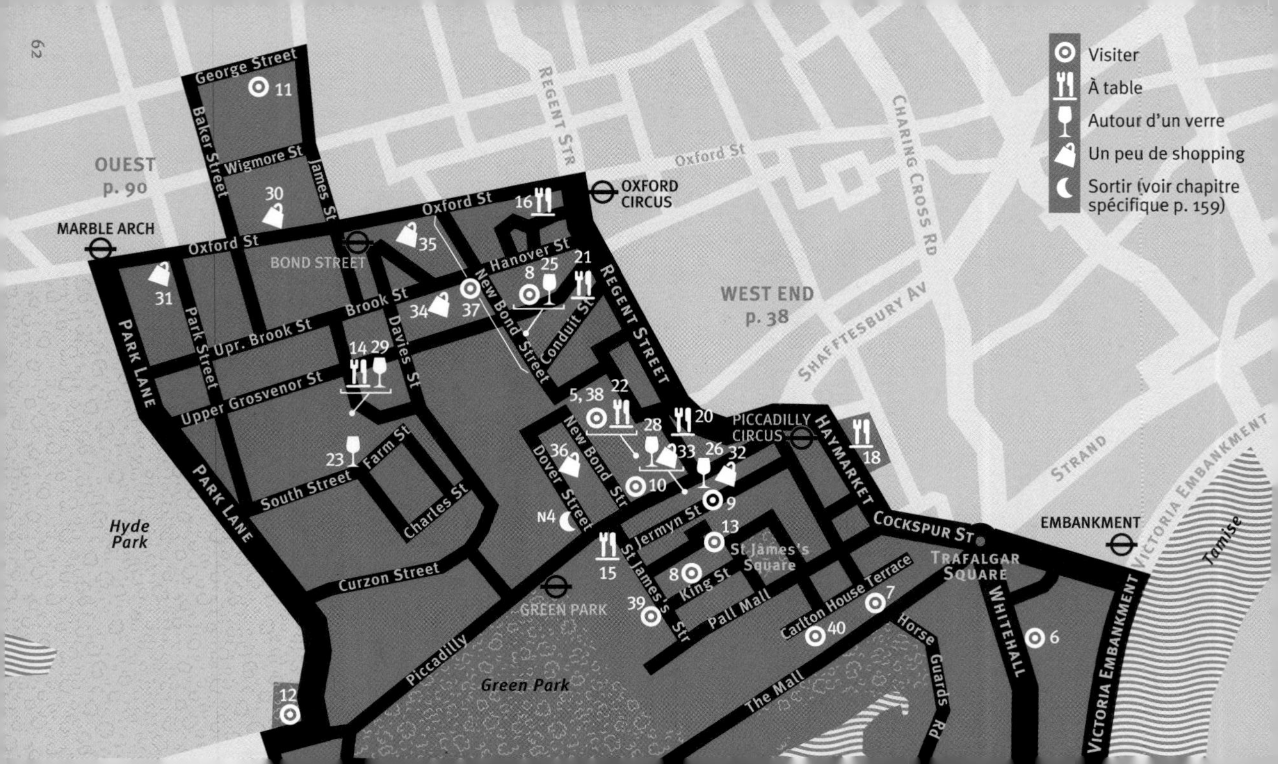

Visiter
À table
Autour d'un verre
Un peu de shopping
Sortir (voir chapitre spécifique p. 159)
OUEST p. 90
WEST END p. 38
George Street
Baker Street
Wigmore St
James St
Oxford St
Regent Str
Oxford Circus
Marble Arch
Bond Street
Hanover St
Conduit St
New Bond Street
Brook St
Upr. Brook St
Davies St
Park Street
Park Lane
Upper Grosvenor St
Farm St
South Street
Charles St
Curzon Street
Dover Street
New Bond Str
Regent Street
Piccadilly Circus
Haymarket
Cockspur St
Trafalgar Square
Whitehall
Victoria Embankment
Embankment
Strand
Shaftesbury Av
Charing Cross Rd
Jermyn St
St James's Square
King St
Pall Mall
St James's Str
Carlton House Terrace
Horse Guards Rd
The Mall
Piccadilly
Green Park
Hyde Park
Tamise

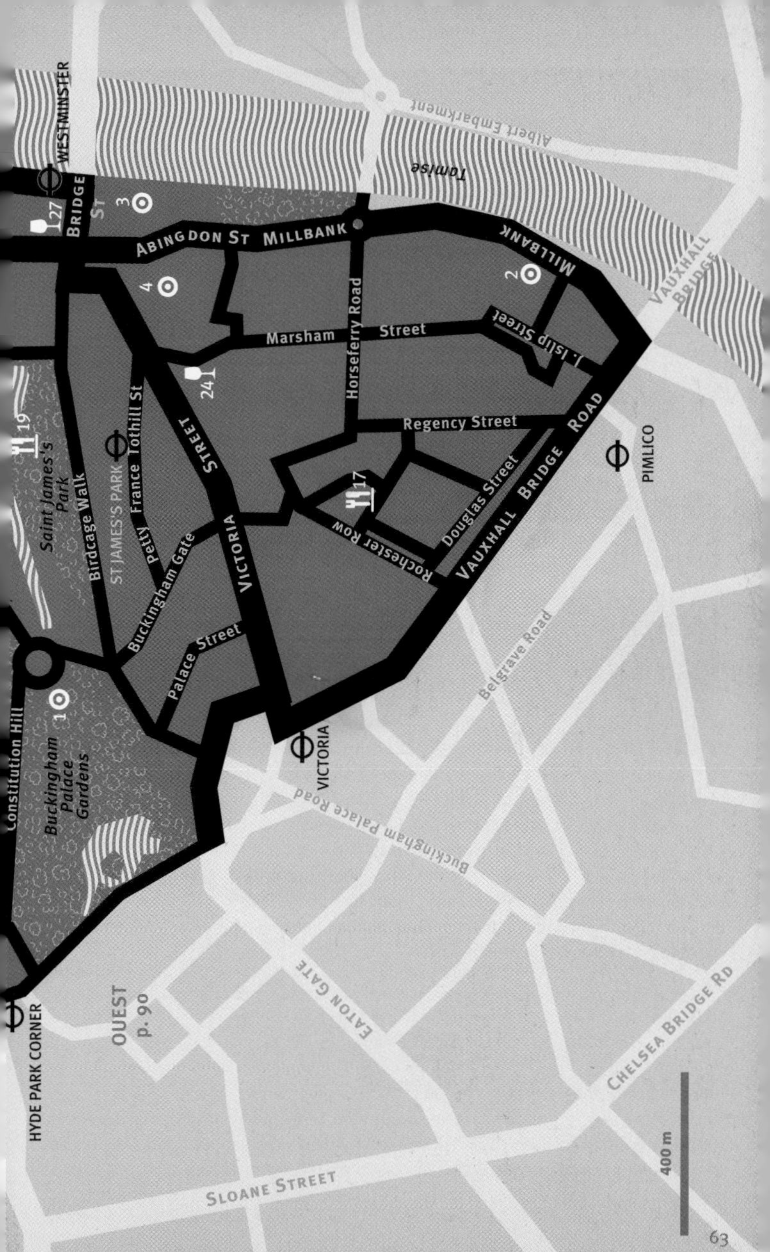
WESTMINSTER
BRIDGE St
27
3
ABINGDON St
MILLBANK
Tamise
Albert Embarkment
VAUXHALL BRIDGE
MILLBANK
2
4
Marsham Street
J. Islip Street
Horseferry Road
24
Regency Street
19
Saint James's Park
ST JAMES'S PARK
Petty France
Tothill St
Birdcage Walk
Buckingham Gate
VICTORIA STREET
17
Rochester Row
Douglas Street
VAUXHALL BRIDGE ROAD
PIMLICO
Palace Street
1
Constitution Hill
Buckingham Palace Gardens
VICTORIA
Buckingham Palace Road
Belgrave Road
EATON GATE
HYDE PARK CORNER
OUEST
p. 90
CHELSEA BRIDGE RD
SLOANE STREET
400 m

VISITER

Leurs palais et leurs nombreuses collections d'art donnent aux quartiers de Mayfair et de St James, véritables sièges de l' Establishment, *tout le charme cossu de l'aristocratie. Leur voisin, Westminster, plus animé et urbain, est incontournable, ne serait-ce que pour voir Big Ben de plus près.*

1. BUCKINGHAM PALACE

Construit au XVIIIe siècle, doté d'une nouvelle façade en 1913, ce palais n'a pas la majesté de certaines autres résidences royales, mais offre néanmoins la possibilité d'assister à du grand spectacle, grâce au changement quotidien de la garde. Détail amusant : on sait si la reine est présente en observant le mât du pavillon central : si elle est au palais, le Sovereign's Standard, qui porte les armoiries de la famille royale, est déployé ; si elle est absente, c'est l'Union Jack qui est hissé.

La relève de la garde s'observe librement de l'extérieur ; mieux vaut arriver en avance pour être plus près des grilles.

The Mall Green Park SW1 • ⊖ Victoria • 020 7766 7300 • www.royal.gov.uk • Visite des salles de réception : 9h45-18h30, août-sept seulement • **Adulte/6-17 ans 17/9,75 £, gratuit moins de 6 ans** • Relève de la garde : 11h30 lun-sam tlj mai-juil ; un jour sur deux août-avril

2. TATE BRITAIN

GRATUIT

Incontournable ! Ce musée dispose de la plus belle collection de grands maîtres britanniques de 1500 jusqu'aux "Young British Artists" des années 1990. On y trouve de nombreux Gainsborough, Blake, Turner, Constable, Henry Moore et Francis Bacon. Le bâtiment, qui date de 1897, fournit un bel exemple d'architecture édouardienne.

Britain Millbank SW1 • ⊖ Pimlico • 020 7887 8888 • www.tate.org.uk • 10h-18h tlj

3. PALAIS DE WESTMINSTER (HOUSES OF PARLIAMENT)

Le palais de Westminster, de style néo-gothique, reconstruit au XIXe siècle après l'incendie de 1834 et classé par l'Unesco, abrite le parlement britannique, et constitue le siège politique de la Grande-Bretagne. L'intérieur du palais (dominé par la couleur verte du côté *Commons* et rouge du côté *Lords*) se visite ; il est même possible d'assister à une séance parlementaire. Du côté extérieur se trouve la tour de l'horloge aux quatre cadrans de 7 m de diamètre et sa cloche Big Ben, devenue le symbole le plus célèbre de Londres.

Westminster • 0844 847 1672 • www.parliament.uk • Visites guidées à 9h15, 13h15 et 16h30 août et sept, uniquement sur réservation • **Adulte/moins de 15 ans : 14/6 £**

4. WESTMINSTER ABBEY

Guillaume le Conquérant choisit d'y être couronné, établissant une tradition qui survit aujourd'hui : le couronnement et les funérailles des monarques y ont encore lieu. De grands personnages britanniques reposent dans ce magnifique édifice d'architecture gothique datant du XIIe siècle, miraculeusement épargné par le feu en 1834.

L'accès au cloître et au jardin est gratuit.

Parliament Square • Westminster • 020 7222 5152 • www.westminster-abbey.org 9h30-16h30 lun-mar, jeu-ven, 9h30-19h mer, 9h30-16h30 sam • **Adulte/11-18 ans/moins de 11 ans : 15/6 £/gratuit**

5. ROYAL ACADEMY OF ARTS

Fondée en 1768 par un groupe de peintres, dont Gainsborough, la RA est encore aujourd'hui régie par 80 académiciens élus parmi les artistes britanniques (Constable et Turner dans le passé, David Hockney ou Tracey Emin aujourd'hui). Ces derniers sont en charge du choix des expositions, qui incluent artistes émergents et rétrospectives de grands maîtres, et de sa célèbre Summer Exhibition de talents contemporains, entre juin et août.

L'accès au bâtiment est gratuit et permet d'aller admirer le bas-relief* Tondo Taddei, *seule sculpture de Michel-Ange en Grande-Bretagne.

Burlington House, Piccadilly W1 • Green Park, Piccadilly Circus • 020 7300 8000 • www.royalacademy.org.uk • 10h-18h tlj (nocturne 22h ven)
Prix des billets variable (7-12 £) selon exposition

6. WHITEHALL

Cette grande avenue – la plus large de Londres – est synonyme du pouvoir gouvernemental depuis le XVIe siècle, et tient son nom de l'ancien palais de Whitehall, la résidence des rois entre 1530 et 1698 (année de sa destruction par un énorme incendie). C'est dans cette rue que l'on trouve la grande majorité des ministères, parmi lesquels le colossal ministère de la Défense, sur les fondations du vieux palais qui abrite l'ancienne cave à vins d'Henri VIII, rescapée de l'incendie, ainsi que le 10 Downing Street, résidence officielle du Premier ministre.

De Parliament Square à Trafalgar Square
⊖ Westminster • 0870 607 4455 • Visite de la cave uniquement sur RV.

GRATUIT

7. INSTITUTE OF CONTEMPORARY ART

Ouvert en 1947 par un groupe d'artistes, écrivains et poètes, l'ICA se donne pour mission d'explorer la culture contemporaine sous toutes ses facettes. Ses expositions sont pour le moins éclectiques, et particulièrement populaires auprès des jeunes, branchés ou intellos. L'Institut est réputé pour dénicher les futures stars de l'art et de la musique. Sa liste de participants a inclu Stravinsky, Jackson Pollock et Yves Klein, tandis que Damien Hirst, les frères Chapman, The Clash et les Scissor Sisters y ont fait leurs débuts.

12 Carlton House Terrace SW1
⊖ Piccadilly Circus • 020 7930 0493
www.ica.org.uk • 12h-23h mer, 12h-1h jeu-sam, 12h-21h dim

8. CHRISTIE'S ET SOTHEBY'S

GRATUIT

Les deux plus grandes maisons d'enchères du monde, créées au XVIIIe siècle, ouvrent leurs portes au public, qui peut venir admirer (ou repérer) les œuvres proposées aux enchères avant leur mise en vente. On y trouve des œuvres d'art, des bijoux et des objets de décoration de toutes les époques. Fascinant ! On peut consulter les programmes des ventes et les catalogues (thématiques) sur leurs sites Internet.

8 King Street, St james SW1
⊖ Green Park • 020 7839 9060
www.christies.com • 9h-17h lun-ven, 12h-17h sam-dim (horaires variables le week-end)/
34-35 New Bond Street W1
⊖ Green Park • 020 7293 5000
www.sothebys.com • Horaires variables selon les ventes

VERY CHIC

9. JERMYN STREET

Cette rue, symbole de l'*Establishment*, abrite les plus chics tailleurs sur mesure de Grande-Bretagne. Ici s'habillent depuis le XVIIe siècle les gentlemen de l'aristocratie, et aujourd'hui les stars du cinéma et de la musique. On y trouve aussi des marchands de cigares, des chapeliers et Floris, le parfumeur de la reine.

⊖ Green Park • www.jermynstreet.net

10. BURLINGTON ARCADE

Ouverte en 1819, cette superbe galerie marchande – la plus ancienne de Grande-Bretagne – est une petite merveille d'élégance architecturale, et un symbole chic de la vieille Angleterre. Gardée par des appariteurs en costumes traditionnels, elle abrite des magasins de luxe sélectionnés pour la qualité de leurs services, comme le parfumeur Penhaligon's, le chausseur Church's ou le fabricant de bagages de luxe Globe Trotter.

Piccadilly à l'angle d'Old Bond Street W1 • Green Park, Piccadilly Circus • www.burlington-arcade.co.uk • 8h-18h30 lun-mer et ven, 8h-19h jeu, 9h-18h30 sam, 11h-17h dim

11. WALLACE COLLECTION

GRATUIT

Ce musée, situé dans l'ancien hôtel particulier de la famille Wallace construit au XVIIIe siècle, détient une impressionnante collection de tableaux, meubles et porcelaines, offerte à la nation en 1897 par Lady Wallace, marquise de Hertford. On y trouve des Rembrandt et des Rubens, de nombreux meubles Boulle, ainsi qu'une pièce remplie d'œuvres de Boucher, Watteau et Fragonard.

Hertford House, Manchester Square W1 • Bond Street • 020 7563 9500 www.wallacecollection.org • 10h-17h tlj

12. APSLEY HOUSE

Cette maison du XVIIIe siècle, devenue la demeure du duc de Wellington après sa victoire sur Napoléon, plaira aux amateurs d'histoire comme aux amateurs d'art. L'intérieur a peu changé depuis l'époque du duc, et ses descendants y conservent un appartement privé, fermé au public. La maison possède une belle collection de peintures de Vélasquez et de Rubens, ainsi que la colossale statue en marbre de 3,25 m réalisée pour Bonaparte par Antonio Canova, qui représente l'empereur nu.

149 Piccadilly W1 • Hyde Park Corner • 020 7499 5675 • www.english-heritage.org.uk • 10h-16h mer-dim (nov-mars), 10h-17h mer-dim (avr-oct) • Tarif 5,50 £

13. WHITE CUBE GALLERY

GRATUIT

Ouverte en 2006 sur le site d'une ancienne centrale électrique, cette très belle galerie à l'architecture moderniste dépouillée s'est imposée comme "must go" pour tous les amateurs d'art contemporain. Outre les artistes maison représentés par son fondateur Jay Jopling, dont la liste se lit comme un Who's Who de l'art *british* (Damien Hirst, Tracey Emin, les frères Chapman, Antony Gormley, Sam Taylor-Wood, etc.), l'espace accueille de très nombreux artistes internationaux lors de ses expositions temporaires. Un autre espace est situé à Hoxton (voir p. 115).

25-26 Mason's Yard SW1 • Green Park, Piccadilly Circus • 020 7930 5373 • www.whitecube.com 10h-18h mar-sam

À TABLE !

VERY CHIC

14. HELENE DARROZE AT THE CONNAUGHT

HAUTE CUISINE

Le restaurant londonien aux deux étoiles Michelin d'Hélène Darroze, situé dans le grand hôtel de luxe qui fut la demeure de Charles de Gaulle pendant la guerre, s'est imposé comme l'un des meilleurs de la capitale britannique. La célèbre chef y sert une cuisine raffinée, qui mélange classiques du terroir landais et nouvelle cuisine aux accents asiatiques. Menus déjeuner 35 £ pour 3 plats (42 £ avec deux verres de vin).

Les menus du midi sont d'un excellent rapport qualité/prix (compte tenu de l'offre culinaire et du lieu).

The Connaught Carlos Place W1 • ⊖ Bond Street • 020 3147 7100 • www.the-connaught.co.uk • 12h-15h/18h-22h30 tlj

15. CHISOU

BAR À SUSHIS

Cet excellent petit bar à sushis est très populaire auprès des habitants du quartier, qui ne tarissent pas d'éloges sur la fraîcheur et la qualité de ses ingrédients. La cuisine y est assez inventive, l'exécution quasi parfaite et le service sympathique. Plat principal 12-23,50 £.

Le midi, les formules proposées sont particulièrement intéressantes (à partir de 14,50 £).

4 Princes Street W1 • ⊖ Oxford Circus • 020 7629 3931 • www.chisou.co.uk • 12h-14h30, 18h-22h15 (dernière commande) lun-sam

16. THE WOLSELEY

BRASSERIE BRITISH

Située dans une ancienne banque à l'architecture opulente, cette grande brasserie offre une alternative moderne à son voisin, le Ritz. Son ambiance métissée de brasserie parisienne et de café viennois fait son originalité et sa popularité : l'endroit ne désemplit pas, avec une clientèle de designers, journalistes et célébrités. Privilégiez le petit-déjeuner complet (15,25 £), le plat du jour (café inclus, 18,50 £) ou l'*afternoon tea* (21,50 £) ; plus abordables que le menu principal, ils sont aussi très bons.

160 Piccadilly W1 • ⊖ Green Park 020 7499 6996 • www.thewolseley.com • 7h-minuit lun-ven, 8h-minuit sam, 8h-23h dim

VERY CHEAP

17. THE VINCENT ROOMS BRASSERIE & ESCOFFIER ROOM

GASTRONOMIE ÉTUDIANTE

Bon plan s'il en est, ce restaurant avec vue sur la très chic école privée de Westminster propose d'excellents plats à très petits prix. La raison de ce miracle ? Les cuisines sont tenues par les apprentis chefs de l'école de cuisine réputée où ont été formés des chefs britanniques célèbres, notamment Jamie Oliver. Menu complet (trois plats, petits fours, café) : 25 £.

Attention : le restaurant est fermé le week-end et pendant les vacances scolaires.

Westminster Kingsway College, 76 Vincent Square SW1 • ⊖ Victoria • 020 7802 8391 www.westking.ac.uk • 12h-14h/18h-21h lun-ven

18. BUSABA EATTHAI

THAÏ MODERNE

Cette petite chaîne créée par Alan Yau (le patron des excellents Hakkasan et Yauatcha) a pour objectif d'offrir une cuisine thaï contemporaine dans un cadre design et détendu. Davantage cantine chic que restaurant, l'endroit offre des plats forts en saveurs et rassasiants (salades, curries, nouilles et soupes), et d'originaux jus et smoothies (comme le lassi à la mangue, eau de rose, miel et cardamome). Un concept sympathique et moderne. Plats principaux 6,80-12,40 £.

35 Panton Street SW1 • ⊖ Piccadilly Circus • 020 7930 0088 • www.busaba.com • 12h-23h lun-jeu, 12h-23h30 ven-sam, 12h-22h dim

19. INN THE PARK

BRITISH BUCOLIQUE

Par jour de beau temps, ce restaurant, idéalement situé en bord de lac dans le parc St James, offre l'une des vues les plus romantiques de Londres. L'intérieur, tout en bois blond et grandes baies vitrées, est contemporain et simple, et la nourriture met l'accent sur les produits saisonniers britanniques. Plats principaux 14,50-22,50 £.

St James's Park SW1 • ⊖ St James's Park, Green Park • 020 7451 9999 www.innthepark.com • 8h-23h tlj

20. GAUCHO PICCADILLY

ARGENTIN

Végétariens s'abstenir ! Ici le bœuf est à l'honneur. Avec son menu de *parillas*, *empanadas* et *churrasco*, et ses serveurs aux allures de top-modèles, on pourrait se croire à Buenos Aires. Déco où domine le cuir noir et la peau de vache. Sans doute le restaurant le plus populaire de cette enseigne argentine. Plats principaux à partir de 14,25 £.

25 Swallow Street W1 • ⊖ Piccadilly Circus 020 7734 4040 • www.gauchorestaurants.co.uk 12h-minuit lun-sam ; 12h-23h dim

21. SKETCH : THE PARLOUR

SALON DE THÉ

Situé dans un ancien hôtel particulier du XVIIIe siècle, ce salon de thé au décor raffiné, à la fois baroque et bohème chic, offre la possibilité de goûter sans se ruiner à la cuisine de Pierre Gagnaire, qui préside aux cuisines du grand restaurant situé à l'étage. Pâtisserie 5,50 £, plat principal 6,50-19 £.

⋯› *Goûtez aux pâtisseries : elles sont fantastiques.*

9 Conduit Street W1 • ⊖ Oxford Circus 0870 777 4488 • www.sketch.uk.com 8h-2h lun-ven, 10h-2h sam (réservé aux membres à partir de 21h)

22. THE RESTAURANT AT THE ROYAL ACADEMY

RESTAU-ARTISTIQUE

Le café-restaurant de la Royal Academy of Arts, récemment rénové par le designer Tom Dixon, est décoré d'impressionnantes peintures murales créées par les artistes britanniques Fred Appleyard, Harold Speed, Gilbert Spencer et Leonard Rosoman. Un endroit pratique pour déjeuner sur le pouce, dans un cadre unique. Plats principaux 8-17,50 £.

Burlington House, Piccadilly W1 ⊖ Green Park, Piccadilly Circus 020 7300 8000 www.royalacademy.org.uk Buffet : 10h-18h lun-jeu et dim, 10h-23h ven-sam

AUTOUR D'UN VERRE...

23. THE PUNCHBOWL

VERY BRITISH

PUB

Ce pub ouvert par le metteur en scène Guy Ritchie – ex-monsieur Madonna – attire une clientèle de banquiers, célébrités de la mode et people. La déco, que surplombe un portrait de Churchill, est traditionnelle, l'ambiance animée et sympathique et les prix abordables pour le quartier. Demi de bière 3,80 £, verre de vin à partir de 4,50 £.

41 Farm Street W1 • Bond Street, Green Park
020 7493 6841 • www.punchbowllondon.com
12h-23h lun-sam

24. CINNAMON CLUB

BAR-RESTAURANT

Ce restaurant – le premier indien au monde à avoir reçu une étoile Michelin – est situé dans le splendide décor classé de l'ancienne bibliothèque de Westminster. Les deux bars du restaurant offrent une belle sélection de cocktails classico-exotiques (Bellini à la cannelle, Martini "Bollywood" aux fruits de la passion...) : classe et magique. Cocktails autour de 9 £.

The Old Westminster Library, Great Smith Street SW1 • St James's Park, Westminster
020 7222 2555 • www.cinnamonclub.com
11h-23h45 lun-sam

25. SOTHEBY'S CAFE

CAFÉ-RESTAURANT

Il y a un côté chic au fait de venir boire un thé dans ce petit café-restaurant, situé dans le foyer de la maison des ventes aux enchères, décoré de photographies en noir et blanc.

Le "small tea" (avec gâteau et scones) coûte 8,25 £. Servi entre 15h et 16h45, il est bon et rassasiant.

34-35 New Bond Street W1
Bond Street • 020 7293 5077
www.sothebys.com/cafe • 9h30-17h
(dernière commande 16h45) lun-ven

26. 5TH VIEW

VERY CHIC

CAFÉ

Situé au 5e étage de la librairie Waterstone's, ce café offre une vue imprenable sur Big Ben. Ses tapas, fruits de mer, jus de fruits frais, et l'une des plus grandes sélections de bières internationales de la capitale le placent au-dessus des habituels cafés de magasins. Intello et sophistiqué. Boissons chaudes autour de 2,50 £.

203-206 Piccadilly W1 • Piccadilly Circus
020 7851 2468 • www.5thview.co.uk
9h-22h lun-sam, 12-17h dim

VERY BRITISH

27. ST STEPHEN'S TAVERN

PUB POLITIQUE

Situé à deux pas du Parlement, ce pub traditionnel, ouvert en 1873, a vu passer au comptoir de grandes figures politiques – Churchill y avait ses habitudes. Son décor est emprunté à celui du Parlement (mêmes couleurs, même moquette) ; sa clientèle aussi, composée de députés et de journalistes politiques. Une cloche sonne deux minutes avant l'heure des votes pour rappeler aux parlementaires présents d'aller remplir leur devoir. Bouteille de bière à partir de 3,20 £ et bouteille de vin à partir de 10 £.

10 Bridge Street SW1 • ⊖ Westminster • 020 7925 2286
www.hall-woodhouse.co.uk
10h-23h lun-jeu, 10h-23h30 ven-sam, 11h-22h30 dim

28. 1707

BAR À VINS

Dessiné par David Collins, maestro de la déco chic des bars londoniens, ce bar à vins situé au sous-sol de Fortnum and Mason vous permet de choisir un vin du département Gourmets adjacent – l'un des meilleurs de Londres en termes de choix – et de le déguster sur place, pour un droit de bouchon de 10 £. Un bon plan pour les amateurs de vins, avec une fourchette de prix de 7 £ pour un côtes-du-rhône à 1 500 £ pour un Château Pétrus ! Plus une sélection de vins au verre à partir de 6 £. Tapas : 5 £.

Fortnum and Mason (sous-sol), 181 Piccadilly W1
⊖ Green Park
020 7734 8040
www.fortnumandmason.com
12h-22h lun-sam, 12h-17h dim

29. COBURG BAR

BAR

Le décor créé par la décoratrice parisienne India Mahdavi associe avec brio design contemporain – portraits réalisés par l'artiste Julian Opie et touches d'orange et de violet – et classicisme sophistiqué. Le choix de cocktails, parfaitement exécutés, est fantastique et comprend des classiques concoctés depuis 300 ans.

→ ***Les cocktails, à 12 £, sont chers mais servis avec d'excellents petits accompagnements gratuits.***

The Connaught Carlos Place W1 • ⊖ Bond Street
020 7499 7070
www.the-connaught.co.uk
8h-1h mar-sam, 8h-23h dim-lun

30. SELFRIDGES

GRAND MAGASIN

Aéré et spacieux, réputé pour sa sélection tendance de stylistes reconnus et de jeunes créateurs de mode qui “montent”, ce magasin dispose du plus grand rayon de chaussures d’Europe, ainsi que d’un rayon déco où l’on trouve une multitude de cadeaux originaux, comme ses très excentriques (et *so british !*) décorations de Noël, à partir de 4 £.

400 Oxford Street W1 • ⊖ Bond Street • 0800 123 400 • www.selfridges.com
9h30-20h lun-mer, ven-sam, 9h30-21h jeu, 12h-18h dim

UN PEU DE SHOP-PING

30.

31. PRIMARK

VERY CHEAP

VÊTEMENTS ET ACCESSOIRES

Ce magasin de 6 000 m^2, qui appartient à la chaîne irlandaise, est imbattable quand il s’agit de mode tendance à prix cassés. Les modèles sont d’évidentes copies – souvent plutôt réussies – de créations de grandes marques.

Primark fait passer H&M ou Zara pour chers.

499-517 Oxford Street W1 • ⊖ Marble Arch
020 7495 0420 • www.primark.co.uk
8h30-22h lun-ven, 8h30-21h sam, 12h-18h dim

32. PRESTAT

VERY CHIC

CHOCOLATIER

Il s’agit du plus vieux chocolatier d’Angleterre, fondé par un Français en 1902. La boutique est ravissante, avec son décor tout en rose et bleu aux allures de conte de fées. Les adorables boîtes font des cadeaux très mignons et les chocolats sont de très bonne qualité.

L’une des spécialités maison, les barres Choxi + particulièrement riches en antioxydants, vous permettra d’offrir des chocolats bons pour la santé !

14 Princes Arcade SW1 • ⊖ Green Park
020 7629 4838 • www.prestat.co.uk
9h30-18h lun-ven, 10h-17h sam

33. FORTNUM AND MASON

VERY BRITISH

PALAIS DES THÉS

Ouverte en 1707, cette institution synonyme de l'*Establishment* anglais célèbre un art de vivre *british* suranné. Il faut y aller pour sa belle façade bleu et or, mais aussi pour y découvrir les produits qui ont fait son succès : thés, chocolats, biscuits et confitures.

Ses confitures très variées – au champagne, au gingembre, à la bergamote... – font des cadeaux chics et relativement peu chers (à partir de 4,25 £ le pot).

181 Piccadilly W1 • ⊖ Green Park • 020 7734 8040 • www.fortnumandmason.com
10h-20h lun-sam, 12h-18h dim

34. PAUL SMITH SALE SHOP

VERY CHEAP

SOLDERIE

Sorry ladies, cette adresse est uniquement consacrée aux hommes ! On y trouve une belle sélection de costumes, chaussures, jeans, chemises et accessoires créés par le plus *british* des couturiers anglais, à 50% de leur prix original.

23 Avery Row W1 • ⊖ Bond Street • 020 7493 1287
www.paulsmith.co.uk
10h30-18h30 tlj (19h jeu)

35. BROWNS LABELS FOR LESS

SOLDERIE LUXE

Ouvert en 1970, Browns s'est imposé comme le temple incontesté de la mode à Londres, sa créatrice ayant découvert et lancé des talents tels que John Galliano et Alexander McQueen. Le magasin dispose de quatre boutiques distinctes, dont cette solderie où l'on trouve toutes les grandes marques vendues par Browns – Chloé, Marni, etc. –, à prix réduits.

60 Marylebone Lane W1
⊖ Bond Street
020 7514 0052
www.brownsfashion.com
10h-18h30 lun-sam

36. DOVER STREET MARKET

CONCEPT STORE

Ouvert par la créatrice japonaise de Comme des Garçons, il se visite autant pour son décor ultramoderne, qui change régulièrement, que pour ses collections très tendance (mais très chères), qui en font l'équivalent londonien de Colette, à Paris.

Goûtez le gâteau à la carotte servi à Rose Bakery, le café situé au dernier étage.

17-18 Dover Street W1
⊖ Green Park
020 75180680
www.doverstreetmarket.com 11h-18h30 lun-mer, 11h-19h jeu-sam, 12h-17h dim

Notting Hill

VILLAGE BOBO

Romantique ? Le film le suggère. Chic ? Demandez aux célébrités qui y vivent. Éclectique ? Résolument ! Notting Hill a vécu une histoire mouvementée : construit pour les nouveaux riches au début du XIXe siècle, il connaît au XXe siècle l'arrivée d'immigrés irlandais et antillais et s'appauvrit peu à peu. Terrain de violents conflits raciaux à la fin des années 1950, Notting Hill opère un come-back dans les années 1990, avec l'arrivée de millionnaires attirés par ses villas et ses jardins. Quartier mode, mélange de belles maisons et de HLM, de marchés de rue et de boutiques de luxe, il accueille le plus grand carnaval de rue d'Europe.

REPÈRES

QUARTIER CHIC : les squares autour de Ladbroke Grove, bordés de maisons sublimes où résident célébrités et millionnaires.
QUARTIER BRIC-À-BRAC : Portobello Road et Golborne Road, avec leurs marchés aux puces, brocantes et marchands de fruits et légumes.
QUARTIER SHOPPING : Westbourne Grove et Ledbury Road, boutiques de mode et cafés pour "beautiful people".

ESSENTIELS

PORTOBELLO ROAD/⊙1 : son marché d'antiquités le samedi attire une foule éclectique de touristes et d'habitants rastas ou bobos (détails p. 77).
WESTBOURNE HOUSE/26 : le plus grand magasin de Paul Smith, situé dans un bel hôtel particulier, abrite sur quatre étages l'univers classico-excentrique du couturier (détails p. 85).
E&O/13 : fréquenté par Kate Moss, Kylie Minogue et Nicole Kidman, cet excellent restaurant "fusion" symbolise le pur chic londonien (détails p. 82).

Confidentiels

CINÉMA ELECTRIC/⊙ 11 : ce cinéma ouvert en 1910, totalement relooké, représente le comble du glamour, avec immenses fauteuils en cuir et bar offrant cappuccino et champagne : parfait pour les amoureux ! (détails p. 81)
KYOTO GARDENS/⊙28 : le jardin japonais de Holland Park, construit autour d'un petit ruisseau, pourrait presque passer inaperçu tant son entrée est discrète : un paysage serein et délicat comme une fleur de lotus.
ROSMEAD GARDENS/⊙29 : le jardin où Hugh Grant et Julia Roberts s'embrassent dans le film est situé entre Elgin Crescent et Lansdowne Road, deux rues parmi les plus romantiques de Londres...

vers 27
30
18
Harrow Road
Wornington Road
Portobello Road
Golborne Road
29
42
N1
Ladbroke Grove
Great Western Road
Westway
Westbourne Park
24
21
Chepstow Road
Westway
Ladbroke Grove
14
Park Road
12
26
Talbot Road
Westbourne
4
28
20
6, 19
40
Ledbury Road
41
10
11
Colville Terrace
39
7
32
Westbourne Grove
Crescent
16
22
35
Blenheim Crescent
Kensington
36
34
17
38
31
Elgin
33
Portobello
37
Villas
29
23
Chepstow
25
Road
Park
3
1
Road
Road
Clarendon
Lansdowne Road
Grove
Pembridge
Notting Hill Gate
8
5
Ladbroke Road
Gate
Hill
Notting
vers 15
N2
13
Road
Princedale Road
Holland Park Avenue
Campden Hill Road
Kensington Church
9
Holland Park
Ouest p. 90
Holland Park Avenue
Holland Park
2
Abbotsbury Road
28
Holland Road
250 m
Visiter
À table
Autour d'un verre
Un peu de shopping
Sortir (voir chapitre spécifique p. 159)

VISITER

On ne visite pas Notting Hill pour ses musées et ses monuments historiques (inexistants), mais pour flâner dans ses marchés, pour apprécier son charme, avec ses maisons aux couleurs pastel et son atmosphère animée de village bobo.

1. PORTOBELLO ROAD

Cette longue rue sinueuse accueille tous les samedis le plus célèbre marché d'antiquités de Londres. On y joue des coudes, mais son caractère pittoresque justifie une visite. Le vendredi, la partie de la rue située sous le Westway (une voie rapide) se transforme en paradis du vintage, attirant les stylistes en quête d'inspiration.

→ *Au nord de Portobello, sur Golborne Road, la tour Trellik, ancienne HLM, est aujourd'hui classée monument historique.*

⊖ Notting Hill Gate, Ladbroke Grove

2. HOLLAND PARK

L'un des espaces publics les plus romantiques de Londres, avec une réserve naturelle, une colonie de paons et un jardin japonais. Protégé des luxueuses rues qui l'entourent par des murs et par une végétation luxuriante, il regroupe espaces de jeux, café, restaurant et tennis – dans sa partie sud – et des allées champêtres calmes et ombragées – au nord –, où l'on pourrait se croire à la campagne.

Abbotsbury Road, W8 (entrée par l'aire de parking) • ⊖ Holland Park • Ouvert de 8h jusqu'à 30 min avant le coucher du soleil

3. AUTOUR DE LADBROKE GROVE

Le Notting Hill d'origine comprend une dizaine de rues situées sur la colline ("hill") du sud de Ladbroke Grove, créées en 1840 par la famille Ladbroke sur les vestiges d'un hippodrome. De ces superbes rues, on aperçoit, derrière les grilles, les grands squares aux accès privés (directement depuis les maisons qui les entourent). À voir : Kensington Park Gardens, la rue qui longe Ladbroke Square, le plus grand jardin privé de Londres ; la partie ouest d'Elgin Crescent et Lansdowne Road, deux rues parallèles, et ses villas colorées qui semblent sortir du décor d'un film.

→ *Plus de 200 squares et jardins privés de Londres (dont Ladbroke Square) sont ouverts au public un week-end par an, souvent mi-juin (www.opensquares.org).*

⊖ Notting Hill Gate, Holland Park

À TABLE !

4. THE LEDBURY

VERY CHIC

HAUTE CUISINE

Le fait que son chef soit un petit jeunot né en 1979, australien de surcroît, n'empêche pas cet élégant restaurant d'offrir la crème de la crème de la gastronomie française : le Guide Michelin ne s'y est pas trompé, attribuant deux étoiles à l'établissement, devenu depuis son ouverture en 2005 un favori des gourmets londoniens. Le restaurant possède une belle terrasse. Plats principaux à la carte (midi) 30 £, dîner 80 £ (3 plats).

Le menu du déjeuner à 30 £ (entrée-plat) du lundi au samedi est d'un très bon rapport qualité/prix.

127 Ledbury Road W11 • ⊖ Westbourne Grove, Notting Hill Gate • 020 7792 9191 www.theledbury.com • 18h30-22h30 lun 12h-14h30/18h30-22h30 mar-sam, 12h-15h/19h-22h dim

5. THE LADBROKE ARMS

VERY BRITISH

GASTROPUB

Avec sa terrasse débordant de fleurs et son intérieur cosy, réchauffé par un grand feu de cheminée l'hiver, ce pub agréable est un grand favori des résidents du quartier. Le menu offre une bonne variété de poissons, viandes et salades (très bons steak et fondant au chocolat notamment), ce qui en fait une adresse sûre et populaire. Plats principaux : 12,75-18,50 £.

54 Ladbroke Road W11 • ⊖ Notting Hill Gate, Holland Park • 020 7727 6648 www.capitalpubcompany.com/the-ladbroke-arms 12h-14h30/19h-21h30 lun-ven, 12h30-14h45/19h-21h30 sam-dim

6. GRANGER & CO

VERY CHEAP

MODERN AUSTRALIAN

"Bébé" londonien de Bill Granger, un chef australien célèbre dans son pays, ce restaurant au décor moderne et aéré sert des plats simples mais pleins de saveurs, aux influences asiatiques ou méditerranéennes. Ses galettes de maïs et beignets de calamars en croûte de semoule sont particulièrement bons. Plats principaux 7,80-15 £.

175 Westbourne Grove W11 • ⊖ Notting Hill Gate • 020 7229 9111 • www.grangerandco.com • 7h-23h lun-sam, 8h-22h dim

7. OTTOLENGHI

CAFÉ

Ce petit café et traiteur au décor blanc ultramoderne décrit sa cuisine comme "la haute couture du plat à emporter". La description n'est pas modeste, mais méritée : la tarte au citron meringuée et le thon mariné au sésame sont à se damner, et on y fait toujours la queue malgré les prix, élevés pour un *take-away*. Plats principaux autour de 10 £.

L'endroit, très exigu, n'a pas de toilettes.

63 Ledbury Road W11 • ⊖ Westbourne Grove, Notting Hill Gate • 020 7727 1121 www.ottolenghi.co.uk • 8h-20h lun-ven, 8h-19h sam, 8h30-18h dim

8. PORTOBELLO

VERY CHEAP

PIZZERIA

Par jour de beau temps, on se croirait presque à Naples, sur la grande terrasse de cette sympathique pizzeria au décor méditerranéen ensoleillé et à l'ambiance bon enfant. Les pizzas, cuites au feu de bois et proposées à l'unité ou au mètre, sont excellentes, et le menu comprend aussi une bonne sélection de plats italiens plus sophistiqués. Pizzas : 7,50-15 £.

7 Ladbroke Road W11 • ⊖ Notting Hill Gate • 020 7221 1373 • www.portobellolondon.co.uk • 12h-15h30/18h-23h30 lun-ven, 12h-16h30/18h-23h30 sam, 12h-16h30/18h-22h30 dim

9. GELATO MIO

GLACIER

Des ingrédients ultrafrais et une fabrication artisanale garantissent la qualité de cet excellent glacier, créé par un couple d'Italiens déterminés à importer la tradition de la *gelateria* dans la capitale britannique. L'endroit, au décor simple et moderne, est particulièrement apprécié des *bambini*. 2,50 £/portion.

138 Holland Park Av. W11 • ⊖ Holland Park • 020 7727 4117 • www.gelatomio.co.uk • 7h30-22h30 lun-jeu, 7h30-23h30 ven, 9h-23h sam, 9h-22h30 dim

10. BOOKS FOR COOKS

VERY CHEAP

LABORATOIRE DE CUISINE

Ce célèbre magasin de livres de cuisine propose quelques tables pour le déjeuner ; on peut y tester les plats préparés à partir des recettes des livres, parfois par leurs auteurs. Menu 5 £ ou 7 £.

*****Formule disponible de midi à 13h30, du mardi au samedi.*****

4 Blenheim Crescent W11 • ⊖ Ladbroke Grove 020 7221 1992 • www.booksforcooks.com 12h-13h30 mar-sam

11. ELECTRIC

BRASSERIE

Ce symbole de la scène "notting-hillienne" semble fonctionner à 100 km/h du matin au soir. Sa clientèle de jeunes premiers branchés y déguste brunch, steak-sandwich ou plateau d'huîtres en terrasse, tandis que les autres se réfugient à l'abri des foules dans le cadre urbain mais confortable de sa salle intérieure. Plats principaux 9-19 £.

191 Portobello Road W11 • ⊖ Ladbroke Grove • 020 7908 9696 www.electricbrasserie.com • 8h-minuit lun-mer, 8h-1h jeu-sam, 8h-23h dim

12. BUMPKIN

VERY BRITISH

RESTAURANT

Avec son papier peint fleuri tendance, son atmosphère cosy et sa carte de plats faisant la part belle aux ingrédients *british* (langouste du Dorset, saumon des lochs écossais, agneau gallois), ce restaurant inspiré d'une ferme anglaise se veut destiné "aux citadins qui y retrouvent un petit coin de campagne". Plats principaux 13,50-21,50 £.

*****Particulièrement indiqué pour les groupes d'amis ou en famille.*****

209 Westbourne Park Road W11 ⊖ Westbourne Park • 020 7243 9818 www.bumpkinuk.com • 11h-minuit tlj

13. FEZ MANGAL

BARBECUE TURC

La popularité auprès des locaux de ce petit restaurant turc (où il est aussi possible d'acheter des plats à emporter) s'explique par la qualité de ses brochettes et kebabs, cuits à point au barbecue devant les clients, et par la fraîcheur des ingrédients. La décoration est simplissime mais authentique, avec un joli patio en mosaïques qui ajoute au style méditerranéen de l'endroit. Plats principaux 4-9 £, salades 2,40-3 £.

104 Ladbroke Grove W11
Ladbroke Grove
020 7229 3010
www.fezmangal.co.uk
12h-23h tlj

14. CAFÉ GARCIA

TAPAS ESPAGNOLES

Établie en 1957, l'épicerie R Garcia and Sons est une véritable institution locale, tant auprès de la communauté espagnole londonienne que des amateurs de jambons et fromages ibériques. Pas étonnant donc que le petit restaurant de tapas attenant, ouvert il y a quelques années, soit aussi populaire. On y choisit ses plats – chorizo, paella, tortillas – au comptoir, avant de s'assoir sur l'une de ses tables recouvertes de copies d'El Pais. Plats autour de 2-5 £.

Le chocolat chaud est excellent.

246 Portobello Road W11 1LL
Ladbroke Grove • 020 7221 6119
www.rgarciaandsons.com • 9h-17h tlj

15. COCOMAYA

CAFÉ-CHOCOLATIER STYLE

Ce ravissant café, situé à la bordure de Paddington, et qui se double d'une boulangerie-pâtisserie, plaira aux élégantes : sa décoration exquise allie bois blond contemporain et détails vintage raffinés, tandis que ses chocolats et pâtisseries, exposés comme des œuvres d'art, sont aussi appréciables sur le fond que sur la forme.

3 Porchester Place W2 • Marble Arch
020 7706 2770 • www.cocomaya.co.uk
10h-19h lun-sam, 11h-18h dim

16. GAIL'S

CAFÉ-BOULANGERIE

Cette boulangerie artisanale se double d'un grand café au look de loft contemporain – briques apparentes, grandes baies vitrées... – particulièrement populaire à l'heure du brunch. En plus des gâteaux, viennoiseries et sandwichs, à emporter ou manger sur place, on y trouve aussi des soupes, salades et petits déjeuners anglais. Autour de 5-10 £ pour un brunch.

138 Portobello Road W11
⊖ Notting Hill Gate
020 7460 0766
www.gailsbread.co.uk
7h-20h lun-sam, 8h-20h dim

17. 202 LONDON

BRUNCH CONCEPT

Ce restaurant en bois blond avec puits de lumière offre aux clients la possibilité de prendre un verre en admirant la sélection de vêtements et d'objets de décoration exposés autour des tables. L'été, il est possible de manger dans le petit jardin attenant. Plats à partir de 7 £.

202-204 Westbourne Grove W11 • ⊖ Notting Hill Gate • 020 7722 2722 •www.202london.com
10h-16h lun,dim •8h30-22h30 mar-sam

18. LISBOA

PÂTISSERIE PORTUGAISE

Cette pâtisserie sans cesse pleine à craquer attire la communauté portugaise locale, qui vient y prendre son café en terrasse, mais aussi les nombreux fans de ses célèbres « pasteis de nata », délicieuses petites tartes à l'œuf qui sont servies tièdes aux clients. Le décor y est franchement basique et la queue quasi-permanente, mais les délicieuses pâtisseries valent le détour. Pâtisseries autour de 1,50 £ pièce.

57 Golborne Road W10 • ⊖ Ladbroke Grove
020 8968 5242 • 8h-18h30 tlj

19. PIZZA EAST PORTOBELLO

PIZZERIA DESIGN

Même si ses pizzas et ses plats rustiques italiens n'étaient pas bons (ils le sont), on serait tenté d'aller dans ce restaurant rien que pour le décor : les matériaux de récupération, les carreaux de porcelaine blanche et les meubles rétros lui donnent un air vintage plein de charme, encore accru par les immenses baies vitrées qui remplissent l'endroit de lumière. Plats principaux 8-17 £.

→ ***Préparez-vous à faire la queue le week-end à l'heure du déjeuner.***

175 Westbourne Grove W11 • ⊖ Ladbroke Grove • 020 8969 4500 •www.pizzaeastportobello.com • 8h-23h30 lun-jeu, 8h-minuit ven-sam, 8h-22h30 dim

AUTOUR D'UN VERRE...

20. E&O

VERY CHIC

BAR BEAUTIFUL PEOPLE

Kylie Minogue, Nicole Kidman et Kate Moss raffolent de ce restaurant "fusion" au décor asiatique et glamour épuré, dont le bar est particulièrement animé. Il propose d'excellents cocktails et des petits plats (*dim sum*) à partager. Malgré l'allure intimidante de sa belle clientèle, l'ambiance y est détendue et conviviale. Cocktails 8 £.

14 Blenheim Crescent W11 • ⊖ Ladbroke Grove
020 7229 5454• www.tickerrestaurants.com
12h-minuit tlj

21. THE COW

VERY CHEAP

PUB À HUÎTRES

Ouvert par Tom Conran (le fils du créateur de Conran Shop), ce petit établissement au décor de pub irlandais, où l'on déguste huîtres et Guinness, est l'un des favoris des habitants du quartier. Sa clientèle de créatifs branchés est typique de Notting Hill – bobos, gosses de riches et célébrités – comme la styliste Stella McCartney et le chanteur Damon Albarn, des voisins. Bières autour de 4 £.

89 Westbourne Park Road W2
⊖ Westbourne Park • 020 7221 0021
www.thecowlondon.co.uk • 12h-23h tlj

22. LONSDALE

BAR À COCKTAILS

Ce bar aux banquettes en cuir rouge, aux murs couverts de miroirs et à la lumière tamisée combine cocktails contemporains et boissons historiques du XVIe siècle. À l'étage, le second bar semble tout droit sorti d'un film de Kubrick. Cocktails 8,75-11 £.

48 Lonsdale Road W11 • ⊖ Notting Hill Gate
0207 727 4080 • www.thelonsdale.co.uk
18h-minuit mar-jeu, 18h-1h ven-sam,
18h-23h30 dim

23. NEGOZIO CLASSICA

BAR À VINS ITALIEN

Ce petit bar à vins, (et épicerie fine), jouit d'une excellente réputation auprès de la clientèle locale, laquelle apprécie sa sélection tout-à-fait abordable de vins fins italiens, et de petits plats rustiques et délicieux. La salle, très simple, dispose de quelques tables, mais c'est à son comptoir que les habitués préfèrent s'assoir. Verre de vin à partir de 3,95 £.

283 Westbourne Grove W11 • ⊖ Notting Hill Gate • 020 7034 0005 • www.negozioclassica.co.uk • 15h30-minuit lun-jeu, 10h-minuit ven-sam, 11h-23h dim

24. THE WESTBOURNE

PUB AMBIANCE

Presque toujours plein (que ce soit les sofas de cuir et les tables en bois de l'intérieur, ou la grande terrasse), ce pub attire les jeunes fêtards grâce à sa bonne ambiance et à sa carte de bières abordable. Verre de vin et pinte de bière autour de 4 £.

101 Westbourne Park Villas W2
⊖ Westbourne Park • 020 7221 1332
www.thewestbourne.com
12h-23h tlj (sauf lundi 17h-23h)

25. BEACH BLANKET BABYLON

BAR BAROQUE

Les noms des cocktails (Paris Hilton, Balenciaga, Jimmy Choo) donnent une idée du caractère "eurotrash" de la clientèle. Ce bar mérite néanmoins une visite pour l'originalité de son décor maximaliste, entre manoir libertin et donjon SM. Cocktails 9-12 £.

45 Ledbury Road, W11
⊖ Notting Hill Gate • 020 7229 2907
www.beachblanket.co.uk
2h-minuit tlj

26. THE TABERNACLE

VERY BRITISH

ESPACE MUSICAL ET ARTISTIQUE

Ce lieu culte de la scène musicale londonienne, situé dans une ancienne église, a vu passer les Rolling Stones, les Clash, Pink Floyd, Coldplay et Lily Allen. Rénové en 2009, il abrite désormais un café et bar avec une immense terrasse. QG du carnaval de Notting Hill, il reste fidèle au caractère multiculturel du quartier, attirant une clientèle particulièrement sympathique. Bière à partir de 1,90 £.

35 Powis Square, W11 • ⊖ Westbourne Park, Ladbroke Grove • 0207 221 9700
www.tabernaclelive.co.uk • 9h-23h lun-jeu, 9h-minuit ven-sam, 9h-22h dim

27. PARADISE BY WAY OF KENSAL GREEN

GASTROPUB FESTIF

Situé dans le quartier de Kensal Green, adjacent à Notting Hill, ce gastropub attire une clientèle branchée venue des quatre coins de Londres grâce à l'originalité du décor, inspiré du cimetière voisin, et à l'ambiance animée (soirées DJ, comédie ou burlesque). Verre de vin à partir de 4 £, cocktails à partir de 7,50 £.

19 Kilburn Lane W10 • ⊖ Kensal Green
020 8969 0098 • www.theparadise.co.uk
16h-minuit dim-jeu, 12h-2h ven et sam

28. PEDLARS

VERY BRITISH

MAGASIN DE CADEAUX

Cette boutique propose une sélection d'objets ludiques et excentriques, parfaits pour faire des cadeaux originaux. Fondé par une famille d'Écossais désireux de partager leur style de vie british, le magasin au design légèrement rétro met l'accent sur la production artisanale et nationale, avec de nombreux imprimés Union Jack utilisés de façon légèrement déjantée (torchons, casques de moto, etc.).

128 Talbot Road W11 • Westbourne Park, Ladbroke Grove • 020 7727 779
www.pedlars.co.uk• 10h-18h lun-sam, 11h-17h dim

UN PEU DE SHOP-PING

29.

29. LES COUILLES DU CHIEN

BRIC-À-BRAC

Ce magasin de brocante, qui doit son nom aux origines françaises du patron, est une véritable institution auprès des Londoniens, qui savent que derrière son aspect poussiéreux et kitsch se cachent de vraies trouvailles, qu'il s'agisse de chandeliers en verre de Murano des années 1960, de meubles rétro ou d'animaux empaillés !

65 Golborne Road W10
Ladbroke Grove
020 8968 0099
www.lescouillesduchien.co.uk
10h-17h lun-sam

30. RELLIK

FRIPES DE LUXE

Ce magasin situé en face de la tour Trellik est célébré dans tout Londres pour la qualité de ses vêtements et accessoires, sélectionnés pour leur rareté et leur parfait état. Les couturiers de mode et stylistes viennent s'y inspirer, et Kate Moss est une habituée. Pas donné, mais la sélection est brillante.

8 Golborne Road W10
Ladbroke Grove
020 8962 0089
www.rellik london.co.uk
10h-18h mar-sam

31. MARY'S LIVING AND GIVING SHOP

CHARITY BUSINESS

Ce magasin caritatif au décor funky, créé par Mary Portas, une styliste célèbre, est l'un des mieux approvisionnés de Londres, grâce aux donations des amis de la patronne, comme Sienna Miller ou Marc Jacobs. La clé, comme dans tous les magasins de ce type : fouiller et y retourner souvent.

177 Westbourne Grove W11
Westbourne Park
020 7727 6166
www.savethechildren.org.uk • 11h-19h lun-sam, 12h-17h dim

32. I LOVE GORGEOUS

MINI-MODE BOBO

Ce joli magasin, spécialisé dans les vêtements de filles de six mois à 13 ans, propose des collections qui font la part belle aux imprimés délicats et aux coupes tendance d'inspiration vintage. Si les habits sont définitivement mode, le style est suffisamment frais pour rester de bon ton : parfait pour les brunchs à Notting Hill avec maman !

52 Ledbury Road W11 • Notting Hill Gate • 0207 229 5855
www.ilovegorgeous.co.uk • 10h-18h lun-sam, 12h-18h dim

33. PAUL SMITH

VERY CHIC

MAISON DE MODE

Tout l'univers du plus *british* des couturiers est rassemblé dans cette belle maison blanche du XIXe siècle, décorée par Paul Smith avec des objets et des photos personnels, et des meubles conçus spécialement pour le magasin. Même si les vêtements et accessoires sont au-dessus de vos moyens, cet endroit très créatif se visite comme une galerie d'art.

Idée cadeau : les chaussettes rayées à 17 £ : cher pour des chaussettes, cheap pour du Paul Smith !

122 Kensington Park Road W11
Notting Hill Gate
020 7727 3553
www.paulsmith.co.uk
10h-18h lun-ven, 10h-18h30 dim

34. DAYLESFORD ORGANIC

VERY CHIC

ÉPICERIE BIO

Une visite s'impose dans cette épicerie spacieuse, créée par Lady Bamford, l'élégante épouse d'un milliardaire. L'endroit vaut la visite, ne serait-ce que pour son décor de ferme façon *Elle Déco*. Les fromages et confitures, fabriqués de façon artisanale, sont excellents, mais évitez le café, hors de prix.

208-212 Westbourne Grove W11
Notting Hill Gate
020 7313 8050
www.daylesfordorganic.com
8h30-19h lun-sam, 10h-16h dim

35. MERCHANT ARCHIVE

MODE UNIQUE

Ce magasin de mode, où cohabitent marques contemporaines et pièces vintage rares, se visite comme un musée. Les prix du vintage (au sous-sol) peuvent y être élevés, mais ils reflètent la rareté des habits et accessoires qui y sont vendus. À noter la profusion de tenues du soir des années 20 et 30, devant lesquelles ne manqueront pas de s'ébahir les amoureuses de beaux vêtements.

19 Kensington Park Road W11 • ⊖ Ladbroke Grove
020 7229 9006 • www.merchantarchive.com/boutique • 10h-18h lun-sam, 12h-17h dim

36. GRAHAM AND GREEN

BAZAR ÉCLECTIQUE

Ce magasin, réputé pour sa sélection d'objets de maison, a de faux airs de bazar, chaque surface, du mur au sol, servant à exposer les nombreuses trouvailles de ses propriétaires. Parmi ses best-sellers : les "trophées de chasse" muraux en céramique (115 £) et, – le thème animalier étant populaire – de très amusantes patères en forme de gueules de chiens (17,50-22 £).

4 Elgin Crescent W11 • ⊖ Ladbroke Grove
020 7792 1348 • www.grahamandgreen.co.uk
10h-18h lun-sam, 11h30-17h30 dim

37. MELT

ELÉGANCE CHOCOLATÉE

Si ce chocolatier artisanal se targue d'utiliser les meilleurs cacaos du monde, il n'en oublie pas pour autant d'ajouter la forme : la boutique affiche un décor blanc dépouillé très chic, et les chocolats des lignes fines et délicates propres à séduire les élégantes. À rapporter : les sucettes en chocolat illustrées par l'icône de mode Celia Birtwell. Chocolats à partir de 1,50 £ pièce.

59 Ledbury Road W11
⊖ Notting Hill• 020 7727 5032
www.meltchocolates.com
10h-18h30 lun-sam, 11h-16h dim

38. WOLF AND BADGER

MODE ÉMERGENTE

Cette boutique contemporaine fait la part belle aux talents émergents, pour la plupart basés en Grande-Bretagne. On y trouve des habits (pour hommes et femmes), accessoires et bijoux de jeunes créateurs qui montent, mais aussi des objets de décoration extrêmement originaux. Recommandé pour les esthètes en quête d'inspiration et ceux désireux de découvrir la mode de demain. À partir de 45 £.

46 Ledbury Road W11• ⊖ Notting Hill Gate, Westbourne Park Road • 020 7229 5698
www.wolfandbadger.com • 10h-18h lun-ven, 10h-18h30 sam, 11h-17h dim

39. VILLAGE BICYCLE

MODE BRANCHÉE

Ce magasin apporte une petite touche d'East London à ce coin très chic de Notting Hill : sa déco, où abondent détails déjantés et clins d'œil kitsch (rose fluo, mur recouvert de crucifix…), tranche certainement avec celle des boutiques de designers qui l'avoisinent. On peut y trouver des cadeaux originaux – plats à cupcakes en forme de squelette, chips au bacon et aux criquets, dessous de table en forme de feuille de cannabis… – à moins de 10 £.

79-81 Ledbury Road W11 • Notting Hill Gate, Westbourne Park Road • 020 7313 9031 www.imavillagebicycle.com • 10h-18h lun-mer et ven-sam, 10h-19h jeu, 12h-17h dim

39.

41.

42.

40. EC ONE

BIJOUX CONTEMPORAINS

Cette petite boutique spécialisée dans la vente de bijoux de jeunes créateurs ne peut que plaire à celles (et ceux) qui aiment combiner qualité et originalité à des prix relativement abordables, dans la mesure où toutes les collections sont produites de façon artisanale et en quantité souvent très limitée. Bagues et boucles d'oreilles à partir de 45 £, bracelets et colliers à partir de 75 £.

56 Ledbury Road W11
Notting Hill Gate, Westbourne Park Road
020 7243 8811 • www.econe.co.uk • 10h-18h lun-mer et ven, 11h-19h jeu, 10h30-18h sam, 12h-17h dim

41. OLIVER BONAS

CADEAUX CONTEMPORAINS

Sacs, bijoux, vêtements, lampes, produits de beauté, plats à gâteaux… On trouve de tout (ou presque) dans ce magasin, parfait pour des cadeaux contemporains. A noter ses gadgets amusants et bon marché, comme les autocollants "Boot Glam" (4,95 £) pour décorer les bottes en caoutchouc.

23 Kensington Park Road W11 • Ladbroke Grove
020 7727 4932
www.oliverbonas.com
10h-18h30 lun-ven, 10h-18h sam, 11h-17h dim

42. KOKON TO ZAI

CAVERNE AVANT-GARDISTE

Ce beau magasin d'objets d'art, accessoires et vêtements légèrement déjantés, situé dans une ancienne boucherie, a de faux airs d'apothicaire, avec ses mosaïques d'origine et sa sélection éclectique d'objets d'art. Celle-ci fait la part belle aux crânes sous toutes leurs formes (artistiques) et aux insectes et animaux empaillés. Les amateurs de gothique victorien apprécieront.

89 Golborne Road W10
Ladbroke Grove
020 8960 3736
www.kokontozai.co.uk
10h-18h lun-sam

Ouest
Belgravia, Knightsbridge, Kensington et Chelsea

CHIC, RÉSIDENTIEL ET COMMERÇANT

Chic et cher, l'ouest de Londres est depuis le XIXe siècle le terrain d'élection des riches Londoniens. Sa carte de visite : une architecture élégante, une grande variété de commerces, de superbes parcs et de beaux musées. Mais si ces quartiers sont proches géographiquement et en termes de prix au m^2, ils sont pour autant bien différents en termes d'atmosphère et de résidents. Le discret Belgravia conserve sa patine aristocratique face à l'ostentatoire Knightsbridge. South Kensington est très populaire auprès des banquiers français. Le beau Chelsea, quartier artiste dans les années 1960, reste synonyme de grande bourgeoisie anglaise.

REPÈRES

LA "FROG VALLEY" : South Kensington abrite la plus grosse communauté française de Londres – d'où son surnom – mais aussi les musées fondés par le prince Albert.

LE QUARTIER DES "SLOANE RANGERS" : Chelsea, ancien quartier bohème devenu terrain de prédilection des BCBG anglais (leur surnom vient de la place Sloane Square).

LE QUARTIER DES GRANDES FAMILLES : Belgravia, traditionnellement peuplé de grandes familles aristocratiques anglaises, aujourd'hui remplacées par les oligarques russes.

LE PARADIS DU SHOPPING CHIC : Knightsbridge abrite les grands magasins Harrods et Harvey Nichols.

ESSENTIELS

HYDE PARK ET KENSINGTON GARDENS/⊙5 : le poumon de l'ouest de Londres, où l'on vient pour se détendre, se balader, pique-niquer, et faire du sport (détails p. 94).

ALBERTOPOLIS/⊙1, 2, 3 : les trois musées éducatifs créés par le mari de la reine Victoria sont des incontournables pour tout féru de culture, de sciences et d'histoire (détails p. 92 et 93).

HARRODS/⊙34 : le temple de la grandeur kitsch, considéré avec un certain dédain par les Londoniens, vaut néanmoins la visite : on y trouve tout, du meilleur au pire... (détails p. 103)

SAATCHI GALLERY/⊙8 : l'une des plus grandes galeries d'art contemporain du monde (détails p. 95).

Confidentiels

MILLIONAIRE'S ROW/⊙36 : la rue la plus chère de Londres abrite les demeures palatiales de milliardaires. Ne vous laissez pas impressionner par le faux air d'allée privée que lui donnent les postes de police à son entrée : elle est publique.

SERPENTINE LIDO/⊙5 : les habitants du quartier vont y nager quand la température grimpe : cette partie privatisée de Hyde Park offre 100 m de rivière (détails p. 94).

ELIZABETH STREET/⊙37 : cette petite rue commerçante de Belgravia, à l'écart des foules, abrite certaines des boutiques indépendantes les plus intéressantes de Londres.

Kensington Park Rd
LANCASTER GATE
QUEENSWAY
NOTTING HILL GATE
BAYSWATER ROAD
NOTTING HILL GATE
Campden Hill Road
Bedford Gardens
Palace Gardens Terrace
Kensington Palace Gardens
Holland St
36
7
5
Kensington Gardens
6
Exhibition Road
KENSINGTON RD
KENSINGTON GORE
11
14
NOTTING HILL p. 76
HIGH ST
HIGH STREET KENSINGTON
KENSINGTON
Earl's Court Road
Marloes Road
Abingdon Villas
Stanford Road
Victoria Road
Gloucester Rd
Queen's Gate
4 N21
Exhibition Rd
Princes
Imperial College Road
3
2
1
Cromwell Road
SOUTH KENSINGTON
GLOUCESTER ROAD
WARWICK ROAD
Harrington Gardens
25
Pelham
16
Old Brompton Road
EARL'COURT
15
Old Brompton Road
Drayton Gardens
Cranley Gardens
Onslow Gardens
17
Fulham
South Parade
12
Redcliffe Gardens
22
Gilston Rd
Old Brompton Road
WEST BROMPTON
FINBOROUGH ROAD
Lillie Road
Ongar Road
Fulham Road
Beaufort Street
Old Church St
35
North End Road
18
Walham Grove
Edith Grove
23
KING'S ROAD
CHEYNE WALK CHELSEA
FULHAM BROADWAY
Fulham Road
vers N17

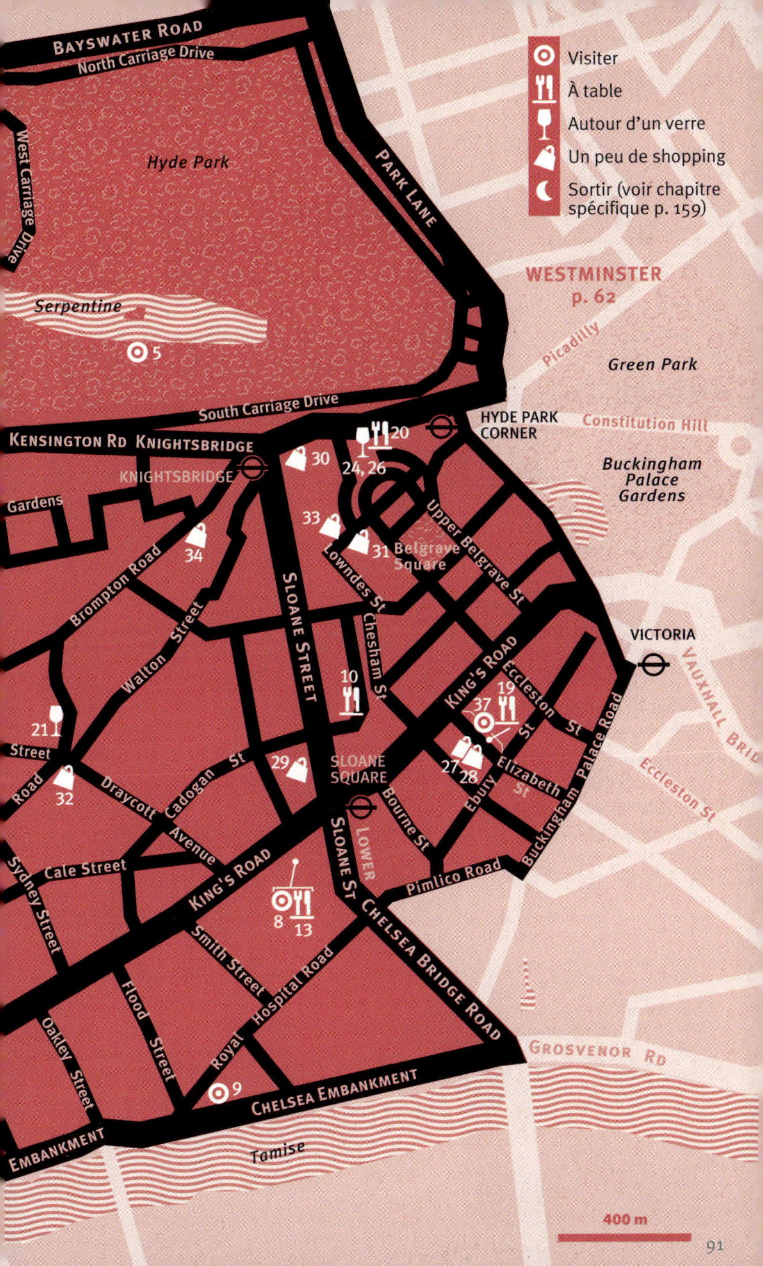
Bayswater Road
North Carriage Drive
West Carriage Drive
Hyde Park
Park Lane
Serpentine
5
Visiter
À table
Autour d'un verre
Un peu de shopping
Sortir (voir chapitre spécifique p. 159)
WESTMINSTER
p. 62
Picadilly
Green Park
South Carriage Drive
Kensington Rd
Knightsbridge
KNIGHTSBRIDGE
Hyde Park Corner
Constitution Hill
Buckingham Palace Gardens
20
24, 26
30
Gardens
33
31
Belgrave Square
Upper Belgrave St
Lowndes St
34
Brompton Road
Sloane Street
Walton Street
Chesham St
10
Victoria
Vauxhall Brid
King's Road
Eccleston St
19
37
21
Street
Road
32
Draycott
Cadogan St
29
Sloane Square
27
28
Elizabeth St
Ebury St
Buckingham Palace Road
Eccleston St
Avenue
Bourne St
Lower Sloane St
Cale Street
Sydney Street
King's Road
8
13
Pimlico Road
Smith Street
Chelsea Bridge Road
Hospital Road
Flood Street
Oakley Street
Royal
9
Chelsea Embankment
Grosvenor Rd
Embankment
Tamise
400 m

VISITER

Malgré leur statut huppé, ces quatre quartiers de Londres, à l'architecture cossue et aérée, offrent un mélange agréable de shopping et de balades, en particulier dans leurs nombreux espaces verts. Mais l'ouest chic, en particulier South Kensington, injecte quelques grammes de culture dans ce monde de luxe, grâce à une belle concentration de musées.

GRATUIT

1. VICTORIA & ALBERT MUSEUM

Le dynamique "V&A", créé en 1852, contient plus de quatre millions d'objets d'arts décoratifs et design (céramiques, meubles, vêtements, bijoux), allant du XVe siècle à nos jours. Collections britanniques mais aussi européennes, asiatiques et arabes, exposées dans 145 galeries : de quoi plaire aux férus d'art et de design comme aux néophytes.

Cromwell Road SW7 • ⊖ South Kensington • 020 7942 2000 www.vam.ac.uk • 10h-17h45 tlj, nocturne mer 22h • **Gratuit sauf expositions temporaires**

GRATUIT

2. NATURAL HISTORY MUSEUM

Météorites martiennes, diamants rares de couleur, et même un robot de tyrannosaure très réaliste, qui bouge et rugit : avec ses 70 millions de plantes, fossiles, animaux empaillés et squelettes de dinosaures, cet immense Muséum d'histoire naturelle a de quoi distraire les petits et les grands.

→ *Sa patinoire ouvre tous les ans de début novembre à début janvier*

Cromwell Road SW7 • ⊖ South Kensington 020 7942 5000 • www.nhm.ac.uk • 10h-17h50 lun-sam, 11h-17h50 dim • **Gratuit sauf expositions temporaires**

3. SCIENCE MUSEUM

GRA-TUIT

De quoi intéresser tout le monde, même les moins forts en sciences : particulièrement bien pensé, ce musée est à la fois éducatif et ludique, avec ses galeries interactives, son cinéma Imax en 3D et quantité d'objets, comme la plus ancienne locomotive à vapeur conservée, ou le module de commande d'Apollo 10.

➜ ***Des galeries ont été spécialement créées pour les enfants, à partir de 3 ans.***

Exhibition Road • ⊖ South Kensington
0870 870 4868 • www.sciencemuseum.org.uk
10h-18h tlj • **Gratuit sauf Imax et expositions temporaires**

4. ROYAL ALBERT HALL

Ouvert en 1871 par la reine Victoria en mémoire de son mari, ce beau bâtiment de brique, terre cuite et marbre en forme de rotonde a accueilli des artistes aussi divers que Wagner, Verdi, Sinatra, les Beatles et les Kaiser Chiefs, de même que de nombreux spectacles, comme le Cirque du Soleil.

➜ ***Réservez un ticket pour les BBC "Proms", une série de 70 concerts de grande qualité à bas prix (à partir de 5 £), organisés de mi-juil à mi-sept.***

Kensington Gore SW7 • ⊖ South Kensington, 15 min de marche • 020 7838 3105
www.royalalberthall.com • 10h-21h tlj • **Tarif selon spectacle**

5. HYDE PARK ET KENSINGTON GARDENS

Poumon vert du centre de Londres, ces deux beaux jardins, qui forment ensemble un parc paysager de 250 ha, se visitent en flânant, autour de leurs nombreuses attractions : le parc Peter Pan pour les enfants, le grand bassin des cygnes, le monument à la gloire du prince Albert, le palais et la Serpentine Gallery (galerie d'art) du côté Kensington Gardens ; la fontaine très design à la mémoire de Diana, la promenade autour de la rivière, l'aire de baignade (Lido) et la location de barques l'été du côté Hyde Park.

Knightsbridge, Hyde Park Corner, Marble Arch, Queensway, Notting Hill Gate, High Street Kensington • 020 7298 2000 • www.royalparks.gov.uk • 6h-tombée du jour

6. SERPENTINE GALLERY

GRA-TUIT

Une galerie d'art cachée au milieu de la verdure de Kensington Gardens, qui compense sa taille modeste par la qualité des expositions que l'on y trouve. Particulièrement populaire auprès des intellos Londoniens, cet ancien salon de thé abrite des expositions temporaires d'artistes contemporains reconnus.

Ne manquez pas le pavillon temporaire de la galerie, édifié chaque année, de juillet à septembre, par un nouvel architecte (Zaha Hadid, Jean Nouvel...).

Kensington Gardens W2
Lancaster Gate, South Kensington • 020 7298 1515
www.serpentinegallery.org
10h-18h tlj

7. KENSINGTON PALACE

Ce palais datant de 1689, dernière résidence de Diana (c'est là que furent déposés les milliers de bouquets après son décès), est en partie accessible au public, qui peut notamment y découvrir la chambre de la reine Victoria (née ici en 1819) quand elle était enfant et une large collection d'habits d'apparat royaux.

Palace Avenue, Kensington Gardens W8 • ⊖ High Street Kensington, Bayswater
0870 751 5170 • www.hrp.org.uk/kensingtonpalace • 10h-18h mars-oct, 10h-17h nov-fév
Entrée 12,50 £ (demi-tarif pour les moins de 16 ans)

GRATUIT

8. SAATCHI GALLERY

Cette galerie de 6 500 m², ouverte en 2008 par l'ex-roi de la pub Charles Saatchi, organise des expositions d'art contemporain d'artistes internationaux. En 2010, Saatchi a annoncé son intention d'offrir 200 pièces de sa collection personnelle (Tracey Emin, Jake et Dinos Chapman, Grayson Perry), ainsi que la galerie à la nation britannique, avec l'objectif de la transformer en musée d'Art contemporain de Londres (MOCA London).

Duke of York's HQ, Kings Road SW3 • ⊖ Sloane Square
020 7823 2332 • www.saatchigallery.co.uk • 10h-18h tlj

9. CHELSEA PHYSIC GARDEN

Ce "jardin secret" romantique et méconnu, situé au bord de la Tamise, a été créé au XVIIe siècle pour l'étude des plantes médicinales.

66 Royal Hospital Road, Chelsea SW3
⊖ Sloane Square
020 7352 5646
www.chelseaphysicgarden.co.uk
12h-17h mer-ven, 12h-18h dim avr-oct
Entrée adulte/enfant ou étudiant 8 £/5 £

À TABLE !

10. LE CERCLE

TAPAS FRANÇAISES

Ce restaurant élégant en sous-sol offre une sélection originale de petits plats gascons parfaitement mitonnés, favorisant une approche à la fois gastronomique et moderne de la cuisine contemporaine française.

Dégustez trois plats pour 15 £ à midi.

1 Wilbraham Place SW1 • Sloane Square • 020 7901 9999 • www.lecercle.co.uk
12h-15h/18h-23h mar-sam

11. ZAIKA

INDIEN MODERNE

Cet excellent restaurant de cuisine indienne contemporaine, situé dans une ancienne banque, a aussi comme atout un design stylé. Le décor du XIXe siècle – tout en moulures et aux murs lambrissés – illuminé de touche de rouge et de rose plus modernes, est particulièrement opulent. Plats principaux à partir de 17 £.

Le menu du midi offre une sélection de trois plats et un verre de vin pour 25 £.

1 Kensington High Street W8
High Street Kensington • 020 7795 6533
www.zaika-restaurant.co.uk
12h-14h45 mar-dim, 18h30-22h45 lun-sam, 18h30-21h45 dim

12. THE TROUBADOUR

CAFÉ-RESTAURANT

Derrière les vitraux de ce café-restaurant au look d'auberge médiévale, un vent bohème souffle entre les casseroles et les pots suspendus. La clientèle s'y bouscule pour se restaurer de plats simples, mais bons et copieux (burgers, saumon, pâtes : 6,50-24 £).

Petit jardin à l'arrière, et concerts live certains soirs.

263-7 Old Brompton Road SW5
West Brompton • 020 7370 1434
www.troubadour.co.uk

13. GALLERY MESS

BRASSERIE ARTISTIQUE

Avec ses hautes voûtes, ses murs en briques apparentes, ses grandes baies vitrées ouvertes sur une agréable terrasse, son décor blanc ultraminimaliste réchauffé de sculptures et de tableaux contemporains, cette belle brasserie, située dans la galerie d'art contemporain Saatchi, a de quoi réjouir les gourmands comme les amateurs d'art. La cuisine y est variée et de qualité. Plats principaux 13-18,50 £.

Saatchi Gallery, Duke of York's HQ, Kings Road SW3 • ⊖ Sloane Square
020 7730 8135
www.saatchi-gallery.co.uk
10h-23h30 lun-sam, 10h-19h dim

14. KENSINGTON ROOF GARDENS

JARDINS SUSPENDUS

Ce bon restaurant de cuisine *british* moderne, au décor noir et blanc, se démarque de ses concurrents par son site exceptionnel : situé sur le toit d'un grand immeuble Art déco des années 1930, il comprend ainsi 6 000 m^2 de jardins suspendus, séparés en trois aires distinctes (espagnol, Tudor et anglais) et habités par des canards et des flamants roses. Plats principaux à partir de 18 £. Menu du midi à 23 £.

Babylon at The Roof Gardens, 99 Kensington High Street (entrée par Derry Street W8)
⊖ High Street Kensington • 020 7368 3993
www.roofgardens.virgin.com • 12h-14h30/19h-22h30 lun-sam, 12h-14h30 dim

15. TENDIDO CERO

TAPAS ESPAGNOLES MODERNES

Situé en face de Cambio de Tercio, son "grand frère" plus cher, ce restaurant moderne au décor gai (murs rose et jaune, grands tableaux hispano-pop) propose d'excellentes tapas, ajoutant une touche innovante aux classiques espagnols. Toujours plein, il est très populaire auprès des jeunes banquiers qui peuplent le quartier. Plat de tapas autour de 6 £ (compter 3 tapas/pers pour un repas).

174 Old Brompton Road SW5 • ⊖ Gloucester Road • 020 7370 3685
www.cambiodetercio.co.uk • 12h-14h30/18h30-23h lun-ven, 12h-15h/18h30-23h sam-dim

16. CARLUCCIO'S

CAFÉ ITALIEN

Ce grand café toujours bondé – on trouve son enseigne dans la plupart des quartiers de Londres – offre une sélection abordable de plats typiques italiens, simples mais bien exécutés. Le décor est moderne et très clair, avec de grandes tables communales, parfaites pour les familles. Plats principaux 8,25-14,25 £.

1 Old Brompton Road SW7 • ⊖ South Kensington • 020 7581 8101
www.carluccios.com • 7h30-23h30 lun-ven, 9h-23h30 sam, 9h-22h30 dim

17. ANGLESEA ARMS

GASTROPUB

Ce pub historique, jadis fréquenté par Dickens, est particulièrement populaire lors des belles soirées de printemps ou d'été, quand une foule de jeunes résidents du quartier envahit sa terrasse. Son menu "modern British" est tout à fait honorable. Entre 13 et 20 £ pour un plat principal.

15 Selwood Terrace SW7
⊖ South Kensington
020 7373 7960
www.capitalpubcompany.com
11h-23h lun-sam
12h-22h30 dim

18. HARWOOD ARMS

PUB ÉTOILE MICHELIN

En termes de gastropub, on fait difficilement mieux que cet établissement, le premier de son genre à décrocher une étoile Michelin. La cuisine *british* y est à l'honneur, avec des plats qui incluent le fin du fin des ingrédients *Made in Britain*, comme la biche du Berkshire, les huîtres de Maldon ou le cabillaud de Cornouailles. Plats principaux 17-18 £.

27 Walham Grove SW6 • ⊖ Fulham Broadway • 020 7386 1847 • www.harwoodarms.com • 18h30-21h30 lun, 12h-15h/18h30-21h30 mar-sam, 12h30-16h/19h-21h dim

19. BAKER & SPICE

CAFÉ-TRAITEUR

Ce traiteur dispose d'une terrasse agréable pour boire un cappuccino ou pour déjeuner. En plus des viennoiseries, quiches et gâteaux, il offre de grandes assiettes de salades fraîches (riz de Camargue à la grenade et aux haricots verts, par exemple), que l'on peut choisir et assortir au comptoir traiteur. Environ 10 £ pour une grande assiette de salades.

Relativement abordable, compte tenu du quartier.

54-56 Elizabeth Street SW1 • Sloane Square
020 7730 3033 • www.bakerandspice.uk.com
7h-19h lun-sam, 8h-17h dim

20. KOFFMANN'S

HAUTE CUISINE

Ouvert en 2010, ce restaurant marque le retour de Pierre Koffmann, un chef français à la réputation légendaire à Londres. Son restaurant temporaire en 2009 avait connu un tel succès qu'il a décidé de sortir de sa retraite pour retourner aux fourneaux. La décoration est élégante et sobre, le service impeccable et la cuisine à la hauteur d'un chef qui a été l'un des premiers à décrocher trois étoiles Michelin en Angleterre. Plats principaux à partir de 22 £.

Excellent rapport qualité/prix du menu servi à midi, avec entrée, plat et dessert pour 25,50 £ du lundi au samedi (26 £ le dimanche).

The Berkeley, Wilton Place SW1 • Knightsbridge • 020 7235 1010 • www.the-berkeley.co.uk
12h-14h30/18h-22h30 lun-ven, 12h-15h/18h-22h30 sam-dim

AUTOUR D'UN VERRE...

22.

22.

21. AUBAINE

CAFÉ FRANCAIS

Si l'*english breakfast* ne vous tente pas, ce café chic et aéré, qui se double d'une boulangerie et d'une brasserie, constitue un bon endroit où déguster un café-croissant. La cuisine et la majorité du personnel sont français mais le décor, résolument londonien, tout en baies vitrées et miroirs vénitiens, n'a pas grand-chose à voir avec les cafés parisiens. Boissons chaudes 1,80-3,25 £ et jus de fruits frais 2,50-3,70 £. Plats entre 12 et 22 £.

260-262 Brompton Road SW3
South Kensington
020 7052 0100
www.aubaine.co.uk
8h-23h lun-sam, 9h-22h dim

22. BLUEBIRD

CAFÉ

Construit sur le site d'un ancien garage, cet étonnant multiespace très design comprend un café, un bar, un restaurant, une épicerie, un marchand de vins et une boutique de mode ultratendance : un bon moyen donc d'expérimenter le style de vie des résidents huppés-branchés de Chelsea. Boissons non alcoolisées à partir de 1,90 £, bière à partir de 3,75 £, verre de vin à partir de £4.

Le café dispose d'une immense terrasse protégée de la rue.

350 King's Road SW3
South Kensington
www.danddlondon.com
020 7559 1000
8h-23h lun-ven, 9h-23h sam-dim

23. PIG'S EAR

GASTROPUB

Ce pub, fréquenté par les princes William et Harry, est réputé pour son ambiance conviviale. Un restaurant à l'étage offre une cuisine sophistiquée, mais c'est le bar du bas, avec sa sélection de vins de qualité et son menu simple et sympathique, que l'on retiendra pour y prendre un verre. Verre de vin à partir de 4,25 £.

35 Old Church Street SW3 • Sloane Square puis 15 min de marche • 020 7352 2908
www.thepigsear.info • 12h-23h lun-sam, 12h-22h30 dim

24. BLUE BAR

BAR

Également situé au Berkeley, cet endroit ultradesign fréquenté par Madonna attire une clientèle huppée. Décoré par David Collins, l'un des designers londoniens les plus en vogue, il fait évidemment la part belle au bleu, que l'on retrouve sur les murs, les meubles et les menus.

À admirer en sirotant (doucement) l'un de ses excellents cocktails (à partir de 12,50 £).

Wilton Place SW1 • Knightsbridge
020 7235 6000 • www.the-berkeley.co.uk
16h-1h lun-ven, 15h-1h sam, 16h-minuit dim

25. ODDONO'S

GELATI

Même en hiver, ce marchand de glaces italiennes ne désemplit pas, notamment de petits *Frenchies* sortis du lycée voisin à l'heure du goûter. L'accent est mis sur la qualité des ingrédients (vanille de Madagascar, chocolat Valrhona...) et la fabrication artisanale. 2,50 £/boule.

Les 130 saveurs incluent basilic, vodka et citron, ou encore chocolat et piment !

14 Bute Street SW7 • South Kensington
020 7052 0732 • www.oddonos.co.uk
11h-23h lun-jeu et dim, 11h-minuit ven-sam

26. THE CARAMEL ROOM

VERY CHIC

PRÊT-À-PORTHÉ

Traditionnel *afternoon tea*, le bien nommé “Prêt-à-Portea” du très chic hôtel Berkeley, présenté dans un service à thé créé par Paul Smith, enchantera les fashionistas. Il est en effet relooké à travers une sélection de pâtisseries directement inspirées des défilés de mode londoniens les plus récents.

Oui, 35 £ semble cher pour un thé, mais il s'agit en fait d'un véritable repas, et d'une façon finalement relativement abordable d'expérimenter cet hôtel de luxe adoré des stars.

Wilton Place SW1 • Knightsbridge • 020 7235 6000
www.the-berkeley.co.uk • 13h-18h tlj

27. MUNGO & MAUD

VERY CHIC

HABILLEURS POUR CHIENS ET CHATS

L'endroit parfait pour trouver colliers, bols, coussins et autres accessoires pour chiens et chats qui s'accorderont avec le plus stylé des maîtres. Évidemment plutôt cher, mais la boutique vaut vraiment le coup d'œil : les laisses en daim et les pull-overs en cachemire sont particulièrement chics !

→ ***Pourquoi ne pas rapporter un souvenir sous forme de livre :*** **Massage pour Chat** ***et*** **Votre chien est-il gay ?** ***font partie des titres (en anglais).***

79 Elizabeth Street SW1 • ⊖ Sloane Square • 020 7467 0820
www.mungooandmaud.com • 10h-18h lun-sam

UN PEU DE SHOP-PING

28. LES SENTEURS

NEZ DÉLICATS

Cette petite boutique ne vend que les produits de parfumeurs indépendants. Les patrons sont passionnés par l'art de la parfumerie, et le personnel se fait un plaisir d'établir un profil pour aider chaque client à trouver le produit idéal.

71 Elizabeth Street SW1 • ⊖ Sloane Square
020 7730 2322 • www.lessenteurs.com
10h-18h lun-sam

29. CARAMEL BABY & CHILD

LE BONPOINT ANGLAIS

Cette marque, très chic, n'est clairement pas cheap. Mais la boutique est belle et les collections sont superbes. La qualité est parfaite, et les habits et chaussures (fabriquées en Italie par la marque enfantine de luxe Pépé) très résistants.

259 Pavilion Road SW1 • ⊖ Knightsbridge
020 7730 2564 • www.caramel-shop.co.uk
10h-18h lun-sam, 12h-17h dim

30. HARVEY NICHOLS

GRAND MAGASIN

Anti-Harrods par excellence, ce grand magasin aux dimensions humaines ne vend que de la qualité, pour une clientèle chic et branchée. Sa sélection est originale : on y trouve tous les grands créateurs, mais aussi des marques plus confidentielles.

109-125 Knightsbridge SW1 • ⊖ Knightsbridge
020 7235 5000 • www.harveynichols.com
10h-20h lun-sam, 11h30-18h dim

31. ROCOCO

CHOCOLAT CHIC

Le packaging rétro de cette boutique de chocolats de luxe, avec ses illustrations animalières, florales ou Art déco, fait le bonheur des esthètes. La qualité des chocolats (aux saveurs de violette, cardamome, thé, etc.) ravit les gourmets.

→ ***Ravissants petits paquets-cadeaux de spécialités maison à partir de 4,95 £.***

5 Motcomb Street SW1 • ⊖ Knightsbridge
020 7245 0993 • www.rococochocolates.com
12h-17h lun, 10h-18h30 mar-sam

32. THE CONRAN SHOP

DÉCO

L'endroit où découvrir l'univers de Terence Conran, créateur de la chaîne Habitat en 1964 et inventeur du design britannique moderne. Situé sur deux étages dans le magnifique immeuble Art déco Bibendum (ancien QG de Michelin en Angleterre) ce beau magasin regorge de meubles, objets de déco, bijoux et jouets, pour beaucoup vendus exclusivement ici.

Les kits créatifs pour enfants (autour de 10-15 £) sont très sympas.

Michelin House, 81 Fulham Road SW3 • ⊖ South Kensington • 020 7589 7401 • www.conranshop.co.uk • 10h-18h lun-mar et ven, 10h-19h mer et jeu, 10h-18h30 sam, 12h-18h dim

27.

32.

34.

33. COSMETICS À LA CARTE

MAQUILLAGE SUR MESURE

Tout est dans le nom : si vous êtes à la recherche du blush, fond de teint ou rouge à lèvres qui reflète votre personnalité, cette boutique est l'endroit où aller. Vous pouvez aussi créer votre propre palette de maquillage à partir de la collection maison, qui inclut les créations d'anciens ou d'actuels clients du magasin (Diana, Boy George ou Lady Gaga). Fun !

19B Motcomb Street SW1
⊖ Knightsbridge
020 7235 0596
www.cosmeticsalacarte.com
10h-18h lun-mar/ven-sam, 9h30-19h mer, 11h-17h dim

34. HARRODS

GRAND MAGASIN

Ce magasin est si célèbre qu'il constitue une destination touristique en soi, comme en atteste son immense département "souvenirs". Malgré son côté kitschissime (allez voir l'autel dédié au souvenir de Lady Di et Dodi Al-Fayed, et ses colonnades égyptiennes dorées), il vaut la visite, pour sa démesure et son hilarant département "animaux".

87-135 Brompton Road SW1 6 • ⊖ Knightsbridge
020 7730 1234 • www.harrods.com • 10h-20h lun-sam, 11h30-18h dim

35. DESIGNERS GUILD

VERY BRITISH

DESIGN

Ouvert en 1970, ce magasin demeure l'une des adresses favorites des Londoniens branchés à la recherche de tissus et papiers peints colorés alliant luxe classique et design contemporain. Mais cette très jolie boutique vend aussi linge de maison, meubles et objets de déco. Plus abordables, bougies et carnets font de parfaits cadeaux à rapporter.

Bougie décorative à partir de 9,50 £.

267-271 King's Road SW3
⊖ Sloane Square
15 min de marche
020 7351 5775
www.designersguild.com
10h-18h lun-sam, 12h-17h dim

Nord-Ouest

BOHÈME ET CHAMPÊTRE

À l'exception de Camden, urbain et décalé, le Nord-Ouest se distingue par ses espaces verts. L'immense Hampstead Heath donne à cette partie de Londres des allures de campagne dans la ville. Vous y trouverez aussi des villages pleins de charme : Primrose Hill, St John's Wood, Belsize Park, Hampstead, Highgate, animés par une ambiance intello et artiste. Les esprits d'anciens résidents, comme Freud et Marx, planent sur ces quartiers... mais aussi, plus rock'n roll, les esprits bien présents de Jude Law ou des frères Gallagher. Bref, la vie de bohème version cossue et chic. L'urbain et le champêtre se mêlent ici avec bonheur pour garantir de belles balades.

REPÈRES

LE QUARTIER DES CÉLÉBRITÉS : Primrose Hill et Belsize Park sont les lieux de résidence de célébrités internationales.
LES QUARTIERS-VILLAGES : à quelques minutes de la City, Hampstead et Highgate ont préservé la campagne dans la ville.
LE QUARTIER DU VINTAGE ET DE LA MUSIQUE INDÉ : Camden est un haut lieu des cultures alternatives, et on y trouve de tout.

ESSENTIELS

HAMPSTEAD HEATH/⊙6 : un espace naturel de quelques centaines d'hectares, dans la capitale (détails p. 109).
CAMDEN MARKETS/⊙3 : un endroit haut en couleur, avec un éventail de marchés pour toutes les tendances ! (détails p. 108)
REGENT'S PARK/⊙2 : le charme discret de la haute bourgeoisie, pour laquelle il a été créé (détails p. 108).

Confidentiels

BANKSY'S MAID/⊙24 : le plus célèbre artiste de rue britannique a graffé une bonne en costume de soubrette sur un mur de Chalk Farm Road. Vous trouverez d'autres graffitis de l'artiste dans les rues du quartier.
FREUD MUSEUM/⊙25 : au 20 Maresfield Gardens à Hampstead se trouve la maison où ont vécu le fondateur de la psychanalyse et sa fille. On peut y voir le divan sur lequel s'allongeaient ses patients (020 7435 2002, www.freud.org.uk, 12h-17 mer-dim, adulte/réduit/moins de 12 ans : 6 £/3 £/gratuit).
HAMPSTEAD PONDS/⊙26 : trois anciens réservoirs du XVIIIe siècle reconvertis en bassins de natation (détails p. 109).

600 m
Hampstead Lane
Hampstead Lane
Highgate Hill
Archway Road
Archway
Junction Road
Swain's Lane
Highgate West Hill
Highgate Road
Hampstead Heath
Highgate Ponds
Spaniards Road
N End Rd
Heath Street
East Heath Rd
Christchurch Hill
Frognal
Hampstead
Hampstead Heath
Gospel Oak
Dartmouth Park Rd
Tufnell Park
Fortess Rd
Rosslyn Hill
Fleet Rd
Mansfield Rd
Kentish Town
Fitzjohn's Ave
Belsize Ave
Haverstock Hill
Belsize Park
Parkhill Rd
Malden Road
Kentish Town West
Kentish Town Road
Finchley Rd
Finchley Road
Pce. Of Wales Rd
Camden Road
Eton Avenue
Swiss Cottage
Adelaide Rd
Chalk Farm Road
Chalk Farm
Primrose Hill Rd
Royal College St
Camden St
Camden Town
Avenue Road
Primrose Hill
Regents Park Rd
Camden High St
Finchley Road
Pce. Albert Road
St John's Wood
Wellington Road
Abbey Rd
Regent's Park
Mornington Crescent
Albany Street
Hampstead Rd
Park Road
Euston Rd
Euston Square
Baker Street
Marylebone Rd
Regent's Park
Great Portland Street
Warren Street
Visiter
À table
Autour d'un verre
Sortir (voir chapitre spécifique p. 159)

Adelaide Road
HAVERSTOCK HILL
CHALK FARM
24
N22
CHALK FARM ROAD
Hartland Road
14
17
N19
18
3
Gloucester Avenue
Fitzroy Rd
8
21
Princess Rd
Regents Park Road
Gloucester Avenue
PRINCE ALBERT ROAD
Jamestown Road
12
Oval Road
CAMDEN TOWN
KENTISH TOWN ROAD
CAMDEN ROAD
Royal College Street
Camden Rd
Camden Rd
20
Camden St
N18
10
9
15
11
Bayham Street
Pratt St
Parkway
CAMDEN HIGH STREET
Delancey St
19
Arlington Road
Albert Street
Mornington Terrace
Plender St
Park Village East
N20
13
EVERSHOLT ST
MORNINGTON CRESCENT
Outer Circle
ALBANY STREET
Regent's Park
Outer Circle
Park Village East
Hampstead Road
Stanhope Street
Robert Street
Inner Circle
Chester Road
Outer Circle
ALBANY STREET
16
Drummond Street
Longford St
Outer Circle
EUSTON ROAD
WARREN STREET

VISITER

Oubliez les musées ! C' est la balade à pied, dans les rues ou dans les parcs, qui vous fera découvrir les curiosités de cette partie de la ville. Amusez-vous plutôt à observer la mode de rue à Camden et profitez du charme des villages de Primrose Hill et Hampstead.

1. PRIMROSE HILL ET BELSIZE PARK

Entouré de maisons aux couleurs de bonbons, le romantique parc de Primrose Hill offre une magnifique vue sur Londres. Son voisin, Belsize Park, cossu et chic, héberge une ribambelle de célébrités dont Gwyneth Paltrow, Kate Moss, Jude Law, les frères Gallagher et Tim Burton.

⊖ Chalk Farm, Belsize Park, Hampstead

2. REGENTS PARK ET LE ZOO DE LONDRES

Dessiné par l'architecte royal John Nash en 1811, cet élégant parc recèle huit villas palladiennes, un lac alimenté par la rivière souterraine Tyburn, une superbe roseraie, et le zoo de Londres, le plus ancien au monde, fondé en 1828.

London Zoo Regent's Park NW1 • ⊖ Regent's Park puis 20 min de marche à travers le parc • 020 7722 3333
10h-16h/16h30/17h30/18h en fonction des saisons
Adulte/enfant/moins de 3 ans 18/14,20 £/gratuit

3. CAMDEN MARKETS

Camden est constitué de plusieurs marchés, dont Camden Lock, le marché artisanal d'origine, fondé en 1974 le long du canal – parfait pour des idées déco – , et Camden Stables Market, davantage tourné vers la mode (vintage et alternative).

⊖ Camden Town, Chalk Farm

GRA-TUIT

4. KENWOOD HOUSE

Cet élégant palais de 1616 a été modernisé à la fin du XVIIIe siècle par l'architecte néoclassique Robert Adam, qui y a ajouté sa très belle bibliothèque. La collection de peintures inclut des œuvres de Vermeer, Rembrandt, Gainsborough, Boucher, Van Dick et Turner.

Hampstead Lane NW3 • ⊖ Golders Green puis 20 min de marche • 0208 348 1286
www.english-heritage.org.uk • 11h30-16h tlj

5. CIMETIÈRE DE HIGHGATE

Fondé en 1836, ce cimetière envahi d'arbres et de fleurs est sans conteste le plus beau de Londres. En plus de ses prestigieux résidents (comme Karl Marx, dont la tombe est surmontée d'un énorme buste), il est célèbre pour ses mausolées, classés monuments historiques. La partie la plus ancienne – et de loin la plus spectaculaire – n'est accessible qu'avec une visite guidée, sur réservation téléphonique préalable (la tombe de Marx est dans la partie moderne).

Swain's Lane N6 • ⊖ Archway • 020 8340 1834
www.highgate-cemetery.org
10h-17h (mars-oct)/10h-16h (nov-fév) lun-ven ; ouvert à partir de 11h le week-end • Visite 3 £

6. HAMPSTEAD HEATH

Avec ses 325 ha de bois, Hampstead Heath est l'un des plus grands espaces naturels de Londres ; c'est un endroit de détente très romantique, avec une vue fabuleuse sur la City. Trois des vingt bassins (dont un seul est mixte) sont équipés pour la natation et ouverts toute l'année (entrée 2 £).

⊖ Hampstead Heath
⊖ Gospel Oak pour les bassins ("ponds")

7. HAMPSTEAD VILLAGE

À 15 minutes à peine de la City en métro, mais à un million d'années-lumière en termes d'atmosphère ! Ce ravissant village de l'époque georgienne a longtemps été le refuge d'artistes et d'intellectuels. George Orwell, Henry Moore, Mondrian, Freud, Agatha Christie y habitèrent, ainsi que Charles de Gaulle, qui y résida pendant la guerre.

⊖ Hampstead

À TABLE !

8. L'ABSINTHE

BISTROT FRENCHIE

Depuis son ouverture en 2007, ce restaurant sympathique s'est imposé comme l'une des adresses préférées des chics résidents de Primrose Hill. On apprécie sa nourriture, excellente, et ses prix, plus que raisonnables. Plat principal entre 9,95 £ et 17,50 £.

40 Chalcot Road NW1 • ⊖ Chalk Farm
020 7483 4848 • www.labsinthe.co.uk
12h-14h30 lun-ven, 12h-16h sam et dim/18h-22h30 mar-sam, 18h-21h30 dim

9. TUPELO HONEY

CAFÉ CHIC

Réparti sur trois étages, ce café-restaurant très design allie matières brutes contemporaines (ciment, verre et bois) à une atmosphère plutôt cosy, en particulier au 1er étage, où l'on profite d'un bon feu de cheminée, installé sur de confortables sofas. Plats principaux autour de 8 £.

27 Parkway NW1 • ⊖ Camden Town
020 7284 2989 • www.tupelo-honey.co.uk
9h30-23h lun-sam, 12h-19h30 dim

10. MASALA ZONE

INDIEN

Ce restaurant s'inspire de la traditionnelle cuisine indienne de rue, mais lui apporte une touche contemporaine et fun. Le décor est très coloré, avec des murs tapissés de posters de pubs indiennes des années 1930. Plat principal entre 7 et 13 £. Menus du midi à partir de 8,50 £ pour 2 plats.

25 Parkway NW1 • ⊖ Camden Town
020 7267 4422 • www.masalazone.com • 12h30-15h/17h30-23h lun-ven, 12h30-22h30 sam et dim

11. ANDY'S TAVERNA

VERY CHEAP

GREC

Avec sa façade bien blanche, ses persiennes bleues, ses balcons fleuris et son jardin, on a du mal à croire que ce restaurant, ouvert en 1967, se trouve en plein Camden. Cuisine familiale et musique grecque (accompagnée à l'occasion de danses) en font un endroit particulièrement convivial. Plat principal entre 9,95 et 16,95 £.

89 Regent's Park Road NW1
⊖ Chalk Farm • 020 7586 7454
www.andystaverna.com • 12h-15h lun-ven, 12h-15h30 dim/18h-23h30 lun-sam

12. HACHÉ

HAMBURGERS

L'intérieur de ce restaurant "pour connaisseurs" apporte une touche de sophistication au monde du hamburger, que l'on retrouve dans la carte, avec un étonnant choix de recettes (cajun, mexicaine, marocaine, espagnole...) et de viandes (bœuf, agneau, poulet, et même du canard). Burgers entre 6,95 et 12,95 £.

24 Inverness Street NW1 • ⊖ Camden Town
020 7485 9100 • www.hacheburgers.com
12h-22h30 tlj sauf dim 22h

13. EL PARADOR

TAPAS

Les amoureux de design contemporain en seront pour leurs frais : rien d'extraordinaire en effet dans ce restaurant aux murs jaunes et au décor daté années 1980. Mais les amoureux de tapas, eux, se régaleront, avec un menu de plus de 40 tapas dont chaque plat est réalisé à la perfection. Plat de tapas entre 4,20 £ et 8,20 £.

Le midi, trois plats de tapas pour le prix de deux (du lundi au vendredi).

245 Eversholt Street NW1 • ⊖ Camden Town
020 7387 2789 • www.elparadorlondon.com
12h-15h/18h-23h lun-jeu, 12h-15h/18h-23h30 ven, 18h-23h30 sam, 18h30-21h30 dim

14. YUM CHA

CHINOIS

Les *dim sum* (bouchées à la vapeur) sont à l'honneur dans ce restaurant typique et abordable, populaire auprès des familles chinoises (un bon signe). *Dim sum* 2,60-4 £ par portion ; plat principal 6-10 £.

Il dispose aussi de quatre salles de karaoké : avis aux amateurs !

27-28 Chalk Farm Road NW1 • ⊖ Chalk Farm • 020 7482 2228 • www.yumchasilksandspice.co.uk • 12h-23h lun-jeu et dim, 12h-minuit ven et sam

15. MARKET

MODERN BRITISH

Baies vitrées, tables en zinc, parquet en chêne et murs de brique rouge : ce restaurant au look post-industriel, néanmoins chaleureux, offre un *best of* de la cuisine *british* contemporaine : parfaitement exécuté et néanmoins abordable. Plats principaux 10-14 £, menu fixe déjeuner 10 £ (pour deux plats) lun-sam.

43 Parkway NW1 • ⊖ Camden Town
020 7267 9700 • www.marketrestaurant.co.uk • 12h-14h30, 18h-22h30 lun-sam, 13h-15h30 dim

AUTOUR D'UN VERRE...

16. GARDEN CAFÉ

CAFÉ

Non, ce café n'a rien de particulièrement notable, mais il a l'immense avantage d'être en bordure de la ravissante roseraie de Regent's Park – soit le coin le plus romantique du parc – et de disposer d'une grande terrasse. Verre de vin à partir de 3,50 £, boissons chaudes autour de 2 £.

Inner Circle Regent's Park NW1 • ⊖ Regent's Park • 020 7935 5729 • www.thegardencafe.co.uk • 9h-coucher du soleil tlj

17. GILGAMESH BAR

BAR PANASIATIQUE

Opulent et exotique, le décor du Gilgamesh Bar s'inspire du héros légendaire mésopotamien. Toutes les chaises et tables sont sculptées à la main, et les piliers de marbre sont incrustés de lapis-lazuli et de nacre. Du grand spectacle... On peut y manger des petits plats asiatiques comme des sushis ou *dim sum* (bouchées à la vapeur). Cocktails 6,80-12,60 £.

Stables Market, Chalk Farm Road NW1 ⊖ Camden Town • 020 7482 5757 www.gilgameshbar.com • 18h-2h30 lun-jeu 12h-2h30 ven-dim

18. SHAKA ZULU

BAR

Cet immense bar-restaurant "concept africain" n'a pas peur de la démesure. Son décor ultrachargé s'inspire de la culture zouloue, revue et corrigée façon Londres, avec mosaïques faites main, masques tribaux, scènes de guerre aux murs et fauteuils aux tissus de boubous. Vin au verre à partir de 6,20 £ et cocktails 4-15 £.

Stables Market, Chalk Farm Road NW1 ⊖ Camden Town • 020 3376 9911 www.shaka-zulu.com • 17h-2h tlj

19. THE FOUNDRY

BAR

Ce bar-restaurant cosy, au décor plutôt masculin (bois et cuir noir), concocte des cocktails inspirés de la cuisine anglaise, tels que le martini à la marmelade ! Si cela ne vous inspire pas, on y trouve aussi tous les classiques. Cocktails 7,50-8 £.

Profitez de l'happy hour tous les jours avant 20h, 2 cocktails pour 10 £.

3-7 Delancey Street NW1 • ⊖ Camden Town 020 7387 5959 • www.foundrycamden.co.uk 11h-13h lun-jeu, 11h-1h ven, 10h-1h sam, 10h-22h30 dim

20. THE PRINCE ALBERT — VERY BRITISH

GASTROPUB

Avec ses murs aubergine et son mobilier victorien d'origine, ce pub ne manque pas de charme. Les boissons sont abordables et on y trouve d'intéressantes variétés de cidres anglais (framboise, citron vert, poire et fraise par exemple). Bière et cidre à partir de 3,45 £ le verre. Plats principaux à partir de 11,95 £.

163 Royal College Street NW1
⊖ Camden Town • 020 7485 0270
www.princealbertcamden.com • 12h-23h lun-jeudi, 12h-minuit ven-sam, 12h-22h30 dim

21. THE ENGINEER

GASTROPUB

Ce pub de style victorien attire la clientèle chic et branchée de Primrose Hill, qui dîne dans son excellent restaurant. Le bar est animé et le jardin adjacent très sympathique les soirs d'été. Bière à partir de 4 £.

65 Gloucester avenue NW1 • ⊖ Chalk Farm
020 7483 1890 • www.theengineerprimrosehill.co.uk
9h-22h tlj

22. BREW HOUSE

CAFÉ

Ce très agréable café, situé au sous-sol de Kenwood House, est divisé en deux parties : café simple où trouver boissons et viennoiseries, et restaurant self-service où manger. Boissons chaudes autour de 2 £. Plats entre 4 £ et 8 £.

La possibilité de prendre son café sur la pelouse en admirant le lac constitue une option bucolique à souhait.

Kenwood House, Hampstead Lane NW3
⊖ Golders Green puis 15 min de marche
020 8341 5384 • www.companyofcooks.com
9h-18h avr-sept, 9h-coucher du soleil oct-mars

23. THE WELLS

GASTROPUB

À proximité des grands espaces de Hampstead Heath, ce pub chic, situé dans une villa du XVIIIe siècle, mêle un décor classique à une atmosphère détendue. Les clients sont encouragés à prendre leurs aises sur les canapés, en jouant au backgammon ou aux échecs, à disposition. Verre de vin à partir de 3,10 £.

30 Well Walk NW3 • ⊖ Hampstead
020 7794 3785 • www.thewellshampstead.co.uk • 12h-23h lun-sam, 12h-22h30 dim

East End

Shoreditch, Hoxton, Spitalfields, Brick Lane

ULTRABRANCHÉ

L'East End, en bordure est de la City, était autrefois synonyme de culture ouvrière cockney. Il est passé de l'état de quartier pauvre à celui de centre branché de Londres. Un revirement passionnant : on y trouve ainsi quantité de galeries d'art contemporain, de très nombreuses boutiques et bars ultratendance où observer les modes de demain, ainsi que des marchés, toujours très populaires. Le quartier conserve dans l'ensemble un caractère architectural industriel et plutôt grisâtre qui n'a rien de l'aspect verdoyant ou cossu d'autres parties de Londres. Qu'à cela ne tienne : vous l'aimerez pour son atmosphère jeune et créative, plutôt que pour la beauté de ses bâtiments ou pour ses espaces verts (inexistants).

REPÈRES

LE QUARTIER BANGLADAIS : autour de Brick Lane, ce quartier est riche en couleurs et en restaurants indiens.
LA RUE DU SHOPPING BRANCHÉ : vous trouverez certainement votre bonheur dans Redchurch Street, à Shoreditch.
LE SECTEUR DES GALERIES D'ART : Hoxton Square est réputé pour les galeries d'art moderne et les espaces d'exposition qui s'y sont installés, dont le petit dernier de la White Cube Gallery.

ESSENTIELS

SPITALFIELDS/⊙1 : pour les passionnés de brocante et de mode avant-gardiste (détails p. 117).
BRICK LANE/⊙3 : un marché de rue chaotique et haut en couleur (détails p. 117).
WHITE CUBE GALLERY/⊙27 : Cette galerie d'art contemporain de 650 m^2, ouverte par Jay Jopling en 2000 dans un ancien entrepôt des années 1920, est le lieu d'exposition de nombreux "Young British Artists", comme Damien Hirst, Tracey Emin, Gilbert & George ou Gavin Turk (48 Hoxton Square N1 - ⊖ Old Street - 020 7930 5373 - www.whitecube.com - 10h-18h mar-sam). Voir aussi la White Cube Gallery à St James (p. 67).

Confidentiels

COLUMBIA ROAD MARKET/⊙28 : le marché aux fleurs de Londres du dimanche matin.
VILLAGE UNDERGROUND/⊙29 : un espace expérimental de quatre wagons de métro convertis en studios d'artistes (www.villageunderground.co.uk).
DENNIS SEVERS' HOUSE/⊙30 : située au 18 Folgate Street, près de Spitafields, cette maison du XVIIIe siècle, transformée en musée, présente une époque différente dans chaque pièce.

Cette partie de Londres est très mal desservie par le tube. Il faut donc se préparer à marcher au moins 10 minutes.

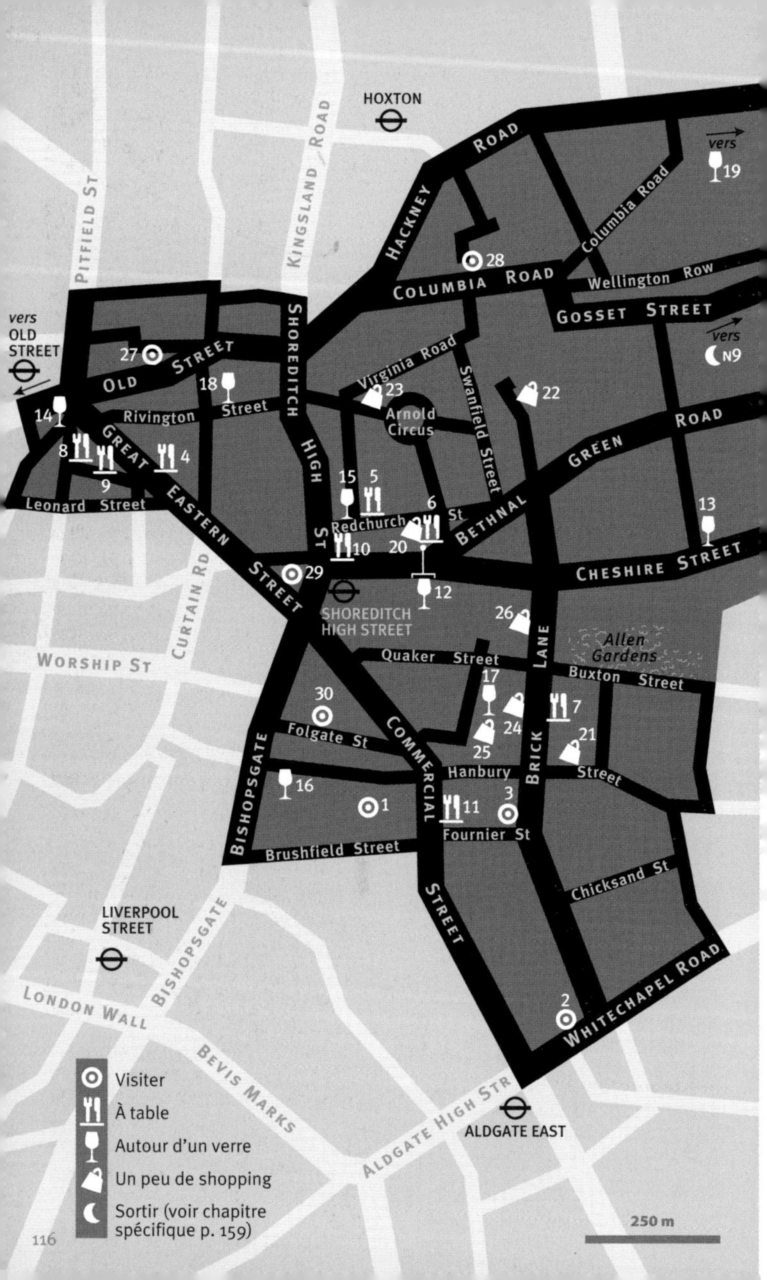
HOXTON
KINGSLAND ROAD
PITFIELD ST
HACKNEY ROAD
COLUMBIA ROAD
Columbia Road
Wellington Row
GOSSET STREET
vers 19
vers N9
vers OLD STREET
OLD STREET
27
28
SHOREDITCH HIGH ST
Virginia Road
Arnold Circus
Swanfield Street
22
23
18
14
Rivington Street
8
9
4
GREAT EASTERN STREET
Leonard Street
15
5
6
Redchurch St
10
20
12
BETHNAL GREEN ROAD
13
CHESHIRE STREET
29
SHOREDITCH HIGH STREET
CURTAIN RD
WORSHIP ST
26
Quaker Street
BRICK LANE
Allen Gardens
Buxton Street
17
24
25
7
21
30
Folgate St
COMMERCIAL STREET
Hanbury Street
BISHOPSGATE
16
1
11
3
Fournier St
Brushfield Street
Chicksand St
LIVERPOOL STREET
LONDON WALL
BEVIS MARKS
ALDGATE HIGH STR
ALDGATE EAST
2
WHITECHAPEL ROAD
Visiter
À table
Autour d'un verre
Un peu de shopping
Sortir (voir chapitre spécifique p. 159)
250 m

VISITER

L' East End n' est pas particulièrement riche en bâtiments historiques ou en parcs où flâner. Mais ses marchés, entre ruelles populaires et bâtiments industriels victoriens, valent certainement le détour, tant pour leur caractère haut en couleur que pour leur ambiance animée et multiculturelle.

1. PUCES DE SPITALFIELDS

Paradis du shopping, ce marché très populaire se caractérise par son ambiance bon enfant. Abrité sous une verrière dessinée par Norman Foster, il mêle vintage et design contemporain, et offre de nombreux spectacles gratuits (cours de tango, concerts, spectacles de danse, défilés de mode, etc.)

Le dimanche est le meilleur jour pour visiter ce marché.

Crispin Place, Brushfield Street E1
Liverpool Street • 020 7247 8556 • www.spitalfields.co.uk
10h-16h mar-ven, 9h-17h dim
(fermé sam et lun)

2. WHITECHAPEL ART GALLERY

GRATUIT

Construite en 1901, totalement rénovée en 2009, cette galerie d'art contemporain à l'architecture Arts & Crafts a été créée pour rendre l'art accessible aux ouvriers. Elle a été la première, au Royaume-Uni, à exposer Frida Kahlo, Pablo Picasso ou Jackson Pollock, ainsi que les Britanniques Gilbert & George ou Lucian Freud.

77-82 Whitechapel High Street E1 • Aldgate East
020 7522 7888 • www.whitechapelgallery.org
11h-18h mar-dim (21h jeu)

3. MARCHÉ DE BRICK LANE

Un marché du dimanche, situé au cœur du quartier bangladais, qui n'a rien perdu de son caractère haut en couleur et authentique. On y trouve de tout (meubles, vêtements, bijoux, vinyles, magazines...), mais il ne faut pas avoir peur de fouiller.

Brick Lane E1 • Aldgate East
www.visitbricklane.org • 9h-17h dim

À TABLE !

4. GREAT EASTERN DINING ROOM

ASIATIQUE FUSION

Ce restaurant au design chic et épuré, tout en bois sombre et meubles vintage, offre l'une des meilleures cuisines fusion de Londres, ce qui lui vaut une popularité constante. *Dim sum* 3,25-6,95 £. Plats principaux à partir de 10,75 £.

Commandez une sélection de petits plats (dim sum) à partager : excellent et moins cher que le menu principal.

54-56 Great Eastern Street EC2
Old Street
020 7613 4545
www.rickerrestaurants.com/greateasterndiningroom
12h-15h/18h-22h45 lun-ven,
18h-22h45 sam

5. ROOFTOP AT BOUNDARY

RESTAURANT AVEC VUE

Ignorez le restaurant principal, situé au sous-sol et donc un peu caverneux, et préférez sa partie “grill” située sur le toit, ouverte au printemps et l'été. Vous y découvrirez un magnifique jardin suspendu, ultracontemporain et doté d'une vue imprenable sur la City... Plats principaux 14-35 £.

2-4 Boundary Street (entrée au 9 Redchurch Street) E2
Liverpool Street • 020 7729 1051
www.theboundary.co.uk • 12h-tombée de la nuit tlj du 30 mars au 30 septembre (sauf en cas de pluie forte).

6. LES TROIS GARCONS

RESTAU SURRÉALISTE

Avec ses têtes de girafes empaillées aux murs, ses sacs à main vintage accrochés aux chandeliers et une collection de bric-à-brac, cet ancien pub parvient à être à la fois ultrakitsch et ultrachic. La cuisine, d'inspiration française, fait aussi la part belle aux ingrédients *british* (crabe du Dorset, coquilles Saint-Jacques d'Écosse, etc.). Hautement original. Menus 40,50-47 £. Plus abordable, le menu de midi du lundi au vendredi: 22 £ pour 3 plats.

1 Club Row E1 • Liverpool Street • 020 7613 1924
www.wordpress.lestroisgarcons.com
12h-minuit lun-sam

7. THE BRICKHOUSE

CABARET

Ce bar-restaurant situé dans un ancien entrepôt tranche avec le reste des établissements de Brick Lane : derrière sa façade de brique, une cuisine moderne, servie dans un décor contemporain et aéré, pendant des spectacles de cabaret (burlesque, magie, acrobates, etc.). 22,50-32,50 35-40 £ pour un menu complet avec spectacle et table. Autour de 8,50 £ pour un plat au bar.

152c Brick Lane E1 • ⊖ Liverpool Street
020 7247 0005 • www.thebrickhouse.co.uk
18h30-2h mar-sam

8. THE PRINCESS OF SHOREDITCH

GASTROPUB

Un pub branché gastronomie, qui prend au sérieux sa cuisine et sa sélection de vins (plus de 100, dont 30 au verre !). Ambiance détendue et accueil sympathique. La partie restaurant est plus sophistiquée mais plus chère. Plats principaux au pub autour de 12 £.

76 Paul Street London EC2A
⊖ Old Street • 020 7729 9270
www.theprincessofshoreditch.com
12h-23h lun-sam, 12h-22h30 dim

9. HOXTON GRILL

VIANDES

Situé dans l'hôtel Hoxton, très branché, ce restaurant à l'ambiance détendue allie décor de brasserie contemporaine (murs en brique et banquettes Chesterfield) et cuisine volontairement rétro, de bonne qualité. Plats principaux à partir de 9-17 £.

On aime la belle partie "jardin" et les excellents steaks.

81 Great Eastern Street EC2 • ⊖ Old Street
www.hoxtongrill.com • 7h-minuit tlj

10. PIZZA EAST

PIZZA

Située au rez-de-chaussée du Tea Building, un ancien entrepôt reconverti en espace de travail pour créatifs, cette grande pizzeria allie décor branché et bons produits : une valeur sûre, qui a par ailleurs l'avantage d'ouvrir tard. Petits plats (antipasti) entre 4 £ et 7,50 £, pizzas entre 8 £ et 13 £.

56 Shoreditch High Street E1
⊖ Liverpool Street, Old Street
020 7729 1888 • www.pizzaeast.com
12h-minuit lun-mer, 12h-1h jeu, 12h-2h ven, 10h-2h sam, 10h-minuit dim

11. ST JOHN BREAD & WINE

VERY CHIC

BISTROT

Idéalement situé en face du marché de Spitafields, ce bistrot est une extension – en moins coûteux – de l'excellent restaurant St John, véritable institution de la haute cuisine anglaise (cela existe !). Le pain est cuit sur place, ainsi que d'excellents petits plats qui changent tous les jours – et même toutes les heures ! – en fonction des arrivages. Plats principaux 7,50-15,30 £.

94-96 Commercial Street E1
⊖ Liverpool Street • 020 7251 0848
www.stjohnbreadandwine.com
9h-23h lun-sam, 9h-21h dim

AUTOUR D'UN VERRE...

15.

14.

12. LOUNGELOVER

VERY CHIC

BAR ÉLECTRIQUE

Le décor de ce bar, situé dans une ancienne usine, tient à la fois de celui d'un apothicaire du XIXe siècle, d'une loge de chasse africaine et d'une fumerie d'opium. Le tout parsemé de touches postmodernes et baroques.

Les cocktails (8,50-11 £) sont très créatifs.

1 Whitby Street E1 • Liverpool Street
020 7012 1234 • www.loungelover.uk.com
18h-minuit lun-jeu, 17h30-1h ven,
18h-1h sam, 18h-minuit dim

13. THE CARPENTER'S ARMS

PUB TRADITIONNEL

Vous souffrez d'une overdose de branchitude shoreditchienne ? Vous apprécierez ce pub authentique et populaire auprès des résidents de Brick Lane. La décoration est traditionnelle, l'ambiance sympathique et la carte abordable. Bière à partir de 3,30 £, verre de vin à partir de 3,50 £.

73 Cheshire Street E2
Liverpool Street • 020 7739 6342
www.carpentersarmsfreehouse.com
16h-23h30 lun, 12h-23h30 mar-jeu et dim,
12h-0h30 ven-sam

14. FLORIPA

CLUB BRÉSILIEN

Ce bar-restaurant-galerie d'art brésilien affiche un décor latino façon bobo-chic, une cuisine brésilienne rassasiante à défaut d'être subtile, des caipirinhas bien dosées, et la samba-pop pour éliminer le tout. La musique est à l'honneur, avec DJs, concerts brésiliens et "world music" tous les jours. Plats principaux 6,50-18 £. Cocktails 7,50-12 £.

91-93 Great Eastern Street EC2
Old Street • 020 7613 5228
www.floripalondon.com • 17h-1h mar-jeu,
17h-2h ven-sam, 13h-minuit dim

15. ALBION

VERY CHEAP

CAFÉ

En dépit de son nom, ce café n'a rien de perfide. Situé au rez-de-chaussée d'un ancien entrepôt, ce bel espace tout en baies vitrées et faïence blanche combine café, pâtisserie et épicerie fine, avec vue sur les cuisines. Aussi animé que détendu. Plats 8,75-12 £, cocktails autour de 6 £.

2-4 Boundary Street E2
Liverpool Street • 020 7729 1051
www.albioncaff.co.uk • 8h-23h30 tlj

16. GALVIN CAFÉ À VIN

BISTROT

Ce café-bistrot, qui appartient aux frères Galvin (leur restaurant principal est détenteur d'une étoile Michelin), propose une carte de vins bio et de bons petits plats à avaler sur le pouce. La tarte flambée est fameuse. Petit-déjeuner à partir de 3 £. Plats principaux à partir de 8,50 £. Verre de vin à partir de 5 £.

Pratique après une visite à Spitafields.

35 Spital Square E1 (entrée sur Bishops Square) E1 • Liverpool Street
020 7299 0404 • www.galvinrestaurants.com • 8h-22h30 tlj

17. STORY DELI

CAFÉ

Un café bio aux faux airs de loft new-yorkais, avec hauts plafonds, grandes baies vitrées et espace ultratendance. Les jeunes branchés du quartier viennent s'y rassasier ou y prendre un verre après leur shopping. Pizzas avec salade 16 £ ou grosse salade 11 £. Verre de vin 5 £.

Old Truman Brewery, 91 Brick Lane E1
Liverpool Street • 079 1819 7352
www.storydeli.com • 12h-22h30 tlj

18. CALLOOH CALLAY

BAR EXCENTRIQUE

Le nom est inspiré d'un poème de Lewis Carroll et du *nonsense*. Pas étonnant dès lors que l'endroit soit légèrement déjanté, avec la "pièce secrète", à découvrir derrière les portes d'une armoire. L'endroit est fun, mais on y prend les cocktails au sérieux, avec de nombreuses créations très inventives. Cocktails 8,50-9,50 £.

65 Rivington Street EC2 • Old Street
020 7739 4781 • www.calloohcallaybar.com • 18h-minuit dim-mer, 18h-1h jeu-sam

19. BISTROTHEQUE

VERY CHIC

BAR

Deux salles de restaurant, un cabaret et un bar (le Napoléon) ont investi un ancien entrepôt. Sombre et raffiné, le bar doit ses boiseries à la salle de bal d'un ancien manoir. La silhouette de l'empereur français émaille discrètement l'endroit. Verre de vin à partir de 4,75 £.

23-27 Wadeson Street E2
Bethnal Green • 020 8983 7900
www.bistrotheque.com
17h30-minuit lun-ven, 11h-minuit sam-dim

20. AUBIN & WILLS

MAGASIN CONCEPT

Avec un cinéma au sous-sol et une galerie d'art à l'étage, cet espace marchand est bien plus qu'une simple boutique. Cette marque de vêtements et d'accessoires de mode (version sophistiquée de Jack Wills, un label destiné aux étudiants) est résolument cool et *british*.

64-66 Redchurch Street E2 • ⊖ Liverpool Street
020 3487 0066
www.aubinandwills.com
11h-19h lun-sam, 11h-17h dim

UN PEU DE SHOP-PING

21.

21.

21. BLITZ

VINTAGE

Un grand magasin vintage, voilà l'ambition déclarée de Blitz, ouvert en 2011. Cet espace-concept de 800 m² sur deux étages propose une large sélection de vêtements (certains datent de l'ère victorienne), mais aussi des objets de décoration, vaisselle, meubles, disques, statues, jouets, et autres curiosités. Un vrai marché aux puces d'intérieur, bien présenté et aux prix abordables (à partir de 5 £).

55-59 Hanbury Street E1
⊖ Liverpool Street • 020 7377 0730
www.blitzlondon.co.uk
11h-19h lun-sam, 11h-18h dim

22. TATTY DEVINE

BIJOUX

Oubliez le bon goût ! Ces créations, pour la plupart en plastique, sont ultrafun plutôt qu'élégantes. Notez les collaborations avec des artistes comme Eley Kishimoto, Rob Ryan ou encore Belle & Sebastian.

→ ***Bijoux à partir de 12 £.***

236 Brick Lane E2 • ⊖ Liverpool Street
www.tattydevine.com
020 7836 2685 • 10h-18h30 lun-ven,
11h-18h sam, 10h-17h dim

23. ALLY CAPELLINO

SACS

Oui, ces sacs et accessoires en cuir et toile de première qualité sont chers, mais aussi indémodables, et faits pour durer "toute la vie" ! Leur créatrice a collaboré avec la Tate et avec Liberty. Accessoires et sacs entre 84 £ et 451 £.

9 Calvert Avenue E2 • ⊖ Liverpool Street • 020 7613 3073
www.allycapellino.co.uk
11h-18h mar-ven, 11h-18h sam, 11h-17h dim.

24. ROUGH TRADE EAST

MUSIQUE

Cet impressionnant espace de 500 m² dédié à la musique “indé” a été inauguré en 2007, et complète de façon ambitieuse le magasin d’origine (nettement plus petit), ouvert en 1976 à Notting Hill. Vous y trouverez un café et une salle de concert, à côté de milliers de disques collectors.

Dray Walk, Old Truman Brewery E1
⊖ Liverpool Street
www.roughtrade.com
8h-21h lun-jeu, 8h-20h ven, 10h-20h sam, 11h-19h dim

22.

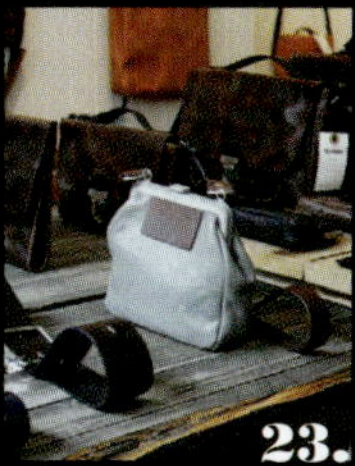
23.

24.

25. THE OLD TRUMAN BREWERY

MODE BRANCHÉE

Cet ancien espace industriel recèle de nombreuses boutiques indépendantes. Le Sunday Upmarket (le dimanche, comme son nom l’indique) accueille de jeunes créateurs et des stands de cuisine internationale.

91 Brick Lane E1
⊖ Liverpool Street
020 7770 6000
www.trumanbrewery.com
10h-19h tlj/10h-17h
Sunday Upmarket

26. LADEN SHOWROOM

VERY BRITISH

JEUNES CRÉATEURS

Une adresse fantastique pour découvrir les collections de jeunes stylistes montants, à bon prix. Très tendance, et totalement dans l’esprit créatif *made in London*.

Accessoires à partir de 5 £.

103 Brick Lane E1
⊖ Liverpool Street
020 7247 2431
www.laden.co.uk
11h-18h30 lun-ven, 11h-19h sam, 10h30-18h dim

La City et ses alentours

Farringdon et Clerkenwell

ARCHITECTURE ET HISTOIRE

La City résiste depuis 2000 ans aux aléas de l'Histoire et de la Bourse. Le "Square Mile" est non seulement le centre financier de Londres, mais aussi son noyau historique : ses monuments sont des symboles londoniens majeurs. Le Grand Incendie de 1666 et le Blitz de la Seconde Guerre mondiale ont détruit la majorité des bâtiments romains et médiévaux, mais ses rues anciennes et de notables vestiges demeurent et se mêlent aux étonnantes constructions contemporaines. Pour sortir, direction Farringdon et Clerkenwell, les quartiers voisins, plus branchés.

REPÈRES

LE SECTEUR DES BANQUIERS : naturellement, il se trouve autour de la station Bank, près de la Banque d'Angleterre.
LE REPAIRE DES RESTAURATEURS : les halles de Smithfield, réservées aux professionnels, ont attiré dans les rues alentour un bon nombre d'établissements gastronomiques de qualité.
LE QUARTIER BRANCHÉ : Clerkenwell, avec ses lofts et ses bars, est particulièrement prisé des jeunes créatifs, qui y vivent ou y travaillent.

ESSENTIELS

LA TOUR DE LONDRES/⊙1 : un château médiéval témoin de l'histoire de Londres, qui renferme un donjon aux souvenirs macabres et les joyaux de la Couronne (détails p. 128).
TOWER BRIDGE/⊙2 : l'un des monuments les plus emblématiques et les plus photographiés de Londres (détails p. 129).
LA CATHÉDRALE SAINT-PAUL/⊙5 : elle rivalise en célébrité avec l'abbaye de Westminster (détails p. 130).
TEMPLE/⊙3 : un dédale de rues et de bâtiments médiévaux entourés de jardins, qui confère une note de romantisme à la City (détails p. 129).

Confidentiels

ST KATHARINE DOCKS/⊙27 : une marina à deux pas de la City.
CHARTERHOUSE/⊙28 : cette maison, construite en 1611, est l'un des très rares bâtiments Tudor ayant survécu au Grand Incendie de 1666.
THE VIADUCT TAVERN/⊙29 : ce pub victorien, construit au-dessus de l'ancien site de la prison de Newgate, près de St Paul, abrite dans son sous-sol de vieilles cellules que l'on peut visiter sur demande.
TWININGS TEA SHOP/30 : ouvert en 1706, c'est le plus vieux magasin de thé de Londres.

vers
N11
N29
Rosebery Ave
Spencer St
Moreland St
City Road
Farringdon Road
12
Lever St
Percival St
Goswell Road
Central Street
Bowling Green Lane
11
St John St
17
Old Street
Rosebery Avenue
Farringdon Road
14
N10
Golden Lane
Clerkenwell Road
St John St
28
Gray's Inn Road
Hatton Garden
Farringdon
25
Barbican
Beech Street
6
Chancery Lane
24
26
15
Aldersgate Street
Charterhouse St
23
West Smithfield
High Holborn
4
London
Holborn Viaduct
Giltspur St
N12
Norwich St
Chancery Lane
Farringdon Rd
City Thameslink
29
Newgate St
St Martin's le Grand
Gresham St
West End
p. 38
Shoe Lane
St Paul's
Cheapside
Fleet Street
Ludgate Hill
13
5
21
Fleet Street
8
18
Cannon Street
30
3
New Bridge St
Queen Victoria Street
Temple
Blackfriars
Mansion House
Victoria Embankment
Upper Thames Street
Blackfriars Bridge
Tamise
300 m

Visiter
À table
Autour d'un verre
Sortir (voir chapitre spécifique p. 159)
Old Street
City Road
Great Eastern Street
Commercial Street
East End p. 116
19
Silk St
Ropemaker St
Moor Lane
Moorgate
MOORGATE
LIVERPOOL STREET
Bishopsgate
Wall
London Wall
9
Moorgate
Old Broad St
22
Bevis Marks
St Mary Axe
10 16
ALDGATE
Aldgate High Street
20
Cornhill
Leadenhall Street
Gracechurch St
BANK
King William St
Lombard Street
Fenchurch Street
FENCHURCH STREET
N14
Minories
Cannon Street
CANNON STREET
MONUMENT
TOWER GATEWAY
Upper Thames St
7
Lower Thames St
Tower Hill
TOWER HILL
East Smithfield
1
27
Tower Bridge
2

VISITER

Il est assez rare de trouver autant de charme et d'intérêt à un quartier financier ! C'est son statut de cœur historique qui donne ce privilège à la City. Évitez cependant d'aller dans le Square Mile le week-end : les rues sont désertes et la grande majorité des bars, cafés et restaurants sont fermés.

1. TOUR DE LONDRES

Cette imposante forteresse, construite au XIe siècle par Guillaume le Conquérant, fut à la fois palais royal et prison. La visite de son donjon ("White Tower") et celle des joyaux de la Couronne demeurent à juste titre les grands favoris des Londoniens comme des touristes. Le prix du billet est dissuasif, mais l'extérieur du bâtiment est suffisamment impressionnant pour justifier une visite.

Entrée par la West Gate • ⊖ Tower Hill • 0844 482 7777 • www.tower-of-london.com
9h-17h30 mar-sam, 10h-17h30 dim et lun
Adulte/5-15 ans/moins de 5 ans 17/9,50 £/gratuit

2. TOWER BRIDGE

Construit entre 1886 et 1894, ce célèbre pont est un symbole incontournable de Londres. La Tower Bridge Exhibition permet de profiter d'une vue panoramique à 360° sur la ville et de découvrir les machines à vapeur originales de l'époque victorienne. La levée du pont a lieu tous les jours : renseignez-vous sur le site pour les horaires, qui dépendent du passage des bateaux.

Tower Bridge Road SE1 • ⊖ Tower Hill • 020 7403 3761 • www.towerbridge.org.uk

Billets exposition adulte/15 ans/moins de 5 ans 7/3 £/gratuit

3. TEMPLE

Ces bâtiments médiévaux abritent les Inns of Court, quatre anciennes écoles de droit londoniennes. Épargnés par le feu de 1666, ces collèges disposent de magnifiques chapelles et de charmants jardins, et tranchent par leur calme serein avec le reste de la City. Temple Church, bâtie par les Templiers au XIIe siècle, est la seule église circulaire de Londres et l'une des plus anciennes.

→ L'accès à cet ensemble de bâtiments se fait par Middle Temple Lane, entre Fleet Street et Victoria Embankment.

⊖ Temple

4. MUSEUM OF LONDON

GRATUIT

Le musée de Londres, qui célèbre l'histoire de la ville depuis la préhistoire, est le plus grand au monde de ce genre. Plus d'un million d'objets y sont exposés, parmi lesquels l'impressionnant carrosse du maire de Londres, datant de 1757.

150 London Wall EC2
⊖ Barbican
020 7001 9844
www.museumoflondon.org.uk
10h-18h tlj

5. CATHÉDRALE SAINT-PAUL

Bâti entre 1675 et 1710 par Christopher Wren, ce bijou d'architecture, restauré à l'occasion de ses 300 ans en 2010, est l'une des fiertés londoniennes. La cathédrale offre une belle vue sur l'ensemble de la ville depuis les galeries externes de son dôme, l'un des plus grands au monde, accessible par un escalier de 530 marches.

St Paul's Churchyard EC4 • ⊖ St Paul's • 020 7246 8357
www.stpauls.co.uk • Galeries 9h30-16h15 lun-sam
Adulte/enfant (6-16 ans) 12,50/4,50 £

6. BARBICAN CENTRE

Que l'on adore ou que l'on déteste, le plus important complexe culturel au monde, construit entre 1965 et 1975, ne laisse pas indifférent. Les spectacles et concerts, notamment par le London Symphony Orchestra, en résidence, sont de grande qualité.

Des concerts gratuits ont lieu presque tous les jours de la semaine entre 17h30 et 19h15 ; entre 12h30 et 14h30 le dimanche.

Silk Street EC2
⊖ Barbican
020 7638 4141
www.barbican.org.uk
8h-23h lun-sam,
11h-23h dim
Tarifs variables selon événement

7. MONUMENT

Achevée en 1677, cette colonne dorique de 61 m, construite par Christopher Wren en commémoration du Grand Incendie de Londres, demeure à ce jour la plus haute du monde. On accède à sa plate-forme par un escalier de 311 marches.

Angle de Monument Street et Fish Street Hill EC2
⊖ Monument
020 7626 2717
www.themonument.info
09h30-17h30 tlj
Adulte/enfant 3/1 £

8. FLEET STREET

Aujourd'hui envahie par des banques et des institutions financières, Fleet Street est la rue historique de la presse britannique. Au n° 135 se trouve l'ancien QG du *Daily Telegraph*, situé dans un très bel immeuble Art déco.

⊖ Temple

9. GUILDHALL

Siège historique du maire et des corporations de marchands de Londres, ce spectaculaire bâtiment du XVe siècle sert essentiellement aujourd'hui de salle de banquets. Son très beau hall gothique, qui date de 1411, peut se visiter sur demande (téléphoner avant).

Gresham Street, London, EC2 • ⊖ Moorgate • 020 7332 1313
www.guildhall.cityoflondon.gov.uk

10. 30 ST MARY AXE

Le Swiss Re Building, ou Gherkin (le “cornichon”) comme l'ont surnommé les Londoniens, fait de la concurrence à Big Ben depuis sa construction en 2003 par sir Norman Foster. Ce gratte-ciel de 40 étages est devenu un véritable emblème londonien (voir photo p. 124).

30 St Mary Axe EC1
⊖ Liverpool Street
www.30stmaryaxe.com

À TABLE !

11. CLERKENWELL KITCHEN

VERY CHEAP

CAFÉ

Le principe est simple : un café-restaurant au nombre de plats limités (6 par jour), en fonction des ingrédients expédiés le jour même par leurs fournisseurs (un réseau de fermes et de petits producteurs). Si le choix est restreint, la qualité et la fraîcheur sont garanties ! Plats principaux autour de 8,50-12 £. ***Belle terrasse par jour de beau temps.***

27-31 Clerkenwell Close EC1
⊖ Farringdon • 020 7101 9959
www.theclerkenwellkitchen.co.uk • 8h-17h lun-ven

12. FISH CENTRAL

VERY CHEAP

FISH & CHIPS

Ce restaurant de quartier, ouvert en 1968, est l'une des meilleures adresses de Londres pour les amateurs de *fish & chips*. Les poissons sont très frais, les plats copieux et le cadre clair et contemporain, ce qui est rare pour ce type d'établissement. On peut choisir trois types de cuisson : en friture, au gril ou accompagné d'un *matzot* (pain casher). Plats principaux 7,95-19,95 £.

149-155 Central Street EC1 • ⊖ Old Street • 020 7253 4970 • www.fishcentral.co.uk • 11h30-14h30/17h-22h30 lun-jeu, 11h30-14h30/17h-23h ven, 12h-22h30 sam

13. RESTAURANT AT ST PAULS

VERY BRITISH

MODERN BRITISH

Ce beau restaurant, qui dispose d'un café adjacent, est situé dans la crypte de la cathédrale Saint-Paul : le cadre en soi, à la fois historique et moderne, justifierait donc une visite, mais la cuisine est aussi à la hauteur. Menu à la carte : 21,50 £ deux plats, 25,95 £ trois plats.

St Paul's Churchyard EC4 • ⊖ St Paul • 020 7248 2469
www.restaurantatstpauls.co.uk • 12h-15h tlj

14. LITTLE BAY

BISTROT

Ce bistrot sympathique au décor théâtral, tout en rouge et or flamboyants, sert une cuisine internationale sans prétention (bœuf bourguignon, moussaka, etc.) à des prix très abordables. Plats principaux 5,95 £ (prix unique).

171 Farringdon Road EC1 • ⊖ Farringdon
020 7278 1234 • www.little-bay.co.uk
12h-minuit lun-sam, 12h-23h dim

15. BLEEDING HEART TAVERN BISTRO

BISTROT

Ce beau restaurant traditionnel, situé dans une impasse décrite par Dickens dans *La Petite Dorrit*, est prisé des hommes d'affaires comme des gastronomes. Le bistrot attenant sert une cuisine plus simple et abordable et dispose d'une terrasse très agréable. Plats principaux 8,95-18,95 £.

Bleeding Heart Yard (entrée par Greville Street), Hatton Garden EC1 • ⊖ Farringdon
020 7242 2056 • www.bleedingheart.co.uk
12h-15h/18h-22h30 lun-sam

16. KONDITOR & COOK

VERY CHEAP

CAFÉ

Ce café a le double avantage d'offrir à la fois des plats variés, réussis et peu chers (avec d'excellentes pâtisseries en particulier), et d'être situé dans le "Gherkin", ce qui permet d'admirer au plus près ce nouveau symbole architectural londonien. Plats principaux autour de 5 £.

30 St Mary Axe EC3 • ⊖ Liverpool Street
0845 262 3030 • www.konditorandcook.co.uk • 7h30-18h lun-ven

17. DE SANTIS

VERY CHEAP

PANINIS DE LUXE

Ce café inspiré d'une "paninoteca" de Milan élève ce simple sandwich chaud italien au statut de plaisir gourmand. Le pain, ultrafrais, est cuit sur place ; on a le choix entre 40 ingrédients différents, importés d'Italie. Plats principaux 5-10 £.

→ ***Profitez de l'aperitivo milanais entre 18h et 20h, où des tapas à l'italienne sont offertes avec les vins au verre et les cocktails.***

11-13 Old Street EC1 • ⊖ Barbican
0207 689 5577 • www.desantis-london.com
8h30-22h30 tlj

18. GOURMET BURGER KITCHEN

BURGERS

Cette chaîne propose d'excellents hamburgers, cuisinés à partir de bœuf angus, avec des recettes classiques ou "ethniques" : le mexicain (avec haricots et avocat) et le jamaïcain (avec mangue et gingembre) sont particulièrement originaux ! Hamburgers à partir de 6,55 £.

→ ***Large sélection de burgers végétariens.***

Unit 4, Condor House, St Paul's Church Yard EC4 • ⊖ St Paul • 020 7248 9199
www.gbk.co.uk • 11h30-22h lun-sam, 11h30-20h dim

19. WAGAMAMA

FAST-FOOD FUSION

Avec sa déco minimaliste (grandes tables communales en bois et baies vitrées) et son service ultra-rapide, cette branche – qui appartient à la plus grande chaîne de restaurants asiatiques de Londres – est particulièrement populaire auprès des travailleurs de la City. Les plats, qui s'inspirent de diverses traditions culinaires (thaïe, chinoise, japonaise...) sont abordables, les ingrédients toujours très frais et le choix extrêmement varié. Plats principaux 7,15-13,50 £.

1 Ropemaker Street EC2 • ⊖ Moorgate
020 7588 2688 • www.wagamama.com
11h30-22h lun-mer, 11h-22h jeu-ven

AUTOUR D'UN VERRE...

20.

21.

20. ROYAL EXCHANGE GRAND CAFÉ AND BAR

BRASSERIE

Inauguré par la reine Victoria en 1844, ce beau bâtiment classé abrite une ribambelle de boutiques chics : parfait pour observer les banquiers venus y dépenser leurs bonus, en buvant un café... Vin au verre à partir de 4,50 £ ; plats entre 7,50 et 21,50 £.

The Courtyard, Royal Exchange EC3
Bank • 020 7618 2480
www.royalexchange-grandcafe.co.uk •
8h-23h lun-ven

21. CAFÉ BELOW

CAFÉ HISTORIQUE

Il existe peu d'ambiances aussi évocatrices d'histoire que celle de ce café, situé dans une crypte médiévale en dessous de l'église St Mary-le-Bow, reconstruite par Christopher Wren au XVIIe siècle. Boissons chaudes 1,60-2,50 £, bière et verre de vin à partir de 3,50 £. Plats principaux 6,25-10,50 £.

St Mary-le-Bow, Cheapside EC2
Bank • 020 7329 0789
www.cafebelow.co.uk • 7h30-21h lun-ven

22. THE MERCER

BAR

Situé dans une ancienne banque, ce bar est à la fois élégant et détendu. La sélection de cocktails est originale et les options sans alcool ("pour celui qui conduit" !) sympathiques. Vin au verre à partir de 5,25 £ ; cocktails sans/avec alcool 4,50/8-15 £.

34 Threadneedle Street EC2 • Bank
020 7628 0001 • www.themercer.co.uk
11h-23h lun-ven

23. CELLAR GASCON

BAR À VINS

Ce bar plutôt glamour, où les tapas et les vins du Sud-Ouest sont rois, offre une alternative plus abordable – et plus détendue – au Club Gascon, son grand frère et voisin, détenteur d'une étoile Michelin.

Commandez une tapa (à partir de 4 £) avec votre verre de vin (à partir de 5 £).

59 West Smithfield EC1
Farringdon • 020 7600 7561
www.clubgascon.com/cellar
12h-minuit lun-ven

24. SMITHS OF SMITHFIELD

VERY BRITISH

CAFÉ

Installé dans un loft sur quatre étages, cet empire de la bonne bouffe joue sur sa déco industrielle, sans pour autant lésiner sur la qualité. Les restaurants sont excellents, mais chers. Le café du bas, avec DJ aux platines le soir, est plus détendu. Bière/verre de vin/cocktails à partir de 3,75/4,30/7 £. Plats principaux 7-11 £.

67-77 Charterhouse Street EC1
⊖ Farringdon • 020 7251 7950
www.smithsofsmithfield.co.uk • 7h-23h lun-ven, 10h-23h30 sam, 9h30-22h30 dim

25. VINOTECA

BAR

Inspiré des bars à vins espagnols pour l'esprit, et des troquets parisiens pour la déco, cet endroit convivial propose une sélection de 300 vins, dont 25 sont disponibles au verre ! Mais, s'il est connu avant tout pour ses vins, ce bar dispose aussi d'une belle carte de cuisine moderne, et de pains croustillants cuits sur place. Verre de vin à partir de 2,75 £ et plats principaux entre 7 et 15,50 £.

→ *La carte des vins donne l'occasion de goûter, pour un prix raisonnable, de bons vins d'origines très diverses.*

7 St John Street EC1 • ⊖ Farringdon
020 7253 8786 • www.vinoteca.co.uk
12h-23h lun-sam

26. DOSE

CAFÉ

Ce café moderne ne propose que des cafés artisanaux de grande qualité, issus du commerce équitable. L'idée : proposer à la population pressée de la City un "bar gourmet à expressos", avec une offre qui change en fonction de la saison, la provenance de chaque type de mélange étant indiquée. Cafés 1,30-2,40 £.

→ *On peut aussi y manger de bons muffins pour accompagner le café, et des sandwichs (3,50 £).*

60 Long Lane EC1 • ⊖ Barbican • 020 7600 0382 • www.dose-espresso.com
7h-17h lun-ven, 9h-16h sam

South Bank

ARCHITECTURE ET CULTURE

Longtemps mal considéré et peu attractif, ce quartier arbore fièrement ses icônes du XXIe siècle. Il a perdu son caractère de survivant pauvre de la révolution industrielle pour s'imposer comme l'un des lieux les plus intéressants aux niveaux culturel et architectural. Quelle transformation pour la Rive Sud, dont les rues mal famées ont été immortalisées par Dickens dans *Oliver Twist* ! Après une grande campagne de réhabilitation depuis les années 1990, il s'est enrichi de certains des monuments les plus futuristes de Londres tout en conservant son héritage historique ; enfin, ses restaurants et ses bars à la vue exceptionnelle en font un lieu très agréable.

REPÈRES

LE REPAIRE DES GOURMETS : Borough Market et les rues alentour. Le marché est ouvert au public du jeudi au samedi.
LE TRIANGLE DE LA CULTURE : la Tate Modern, le Design Museum et le Southbank Centre font de la rive sud un détour culturel incontournable.
AU BORD DE L'EAU : de Tower Bridge à London Eye, on peut suivre la Tamise le long de promenades aménagées.

ESSENTIELS

TATE MODERN/⊙1 : l'art contemporain dans une architecture unique (détails p. 139).
MILLENIUM BRIDGE/⊙2 : ce pont piétonnier, qui relie la City et South Bank, est l'un des monuments les plus futuristes du Londres moderne (détails p. 139).
LONDON EYE/⊙7 : oui, cette grande roue est touristique et commerciale, mais la vue y est imprenable, autant en profiter ! (détails p. 141)

Confidentiels

SHAD THAMES/⊙26 : cette rue, qui a servi de décor à une scène d'*Elephant Man*, est aujourd'hui réhabilitée, avec son quai sur la Tamise, ses passerelles victoriennes suspendues et ses docks.
SHARD TOWER/⊙27 : cet immeuble dessiné par Renzo Piano, construit en 2010-2011 près de la station London Bridge, mesure 310 m, ce qui en fait le plus haut de Londres.
SOUTHWARK CATHEDRAL/⊙28 : beaucoup moins visitée que Westminster, cette belle cathédrale construite en 1212 abrite la plus vieille chaire gothique de Londres.
LE GOLDEN HIND/⊙29 : on peut visiter la réplique à taille réelle du navire de sir Francis Drake construit en 1577, qui se trouve à Pickfords Wharf.

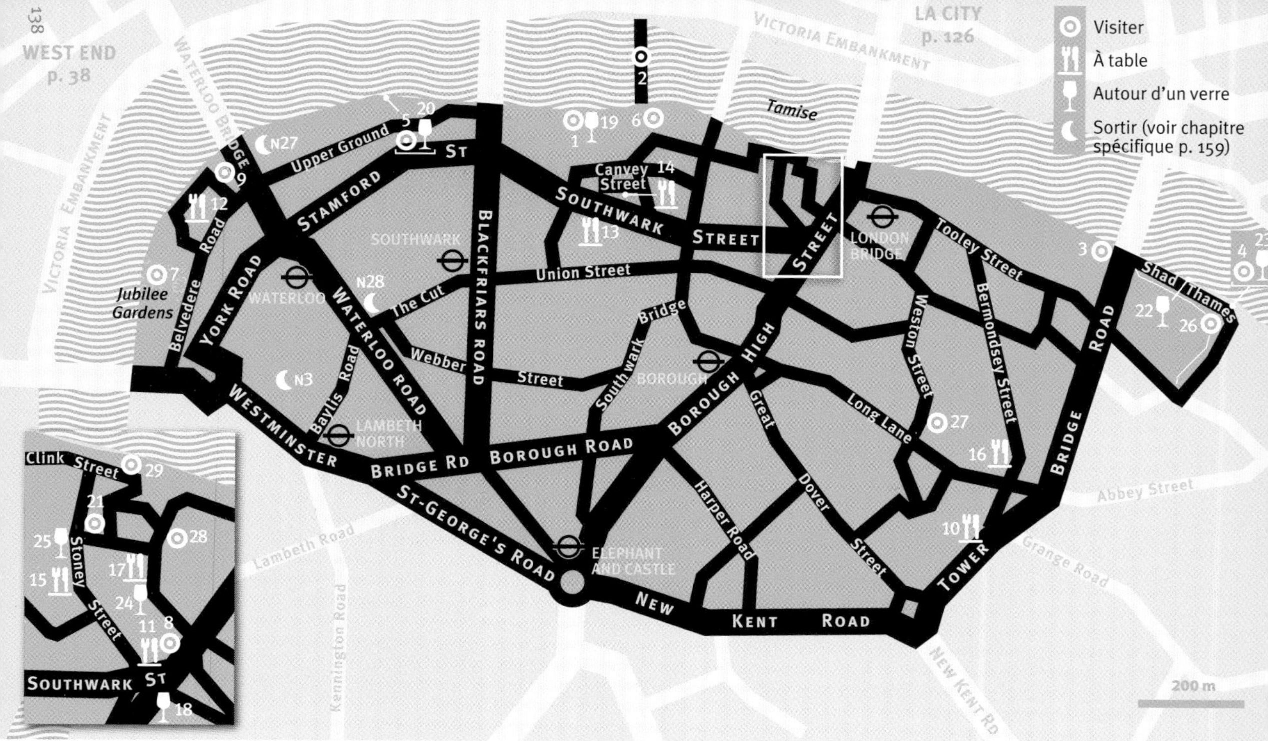
WEST END
p. 38
LA CITY
p. 126
Visiter
À table
Autour d'un verre
Sortir (voir chapitre spécifique p. 159)
Victoria Embankment
Waterloo Bridge
Tamise
Jubilee Gardens
Belvedere Road
Upper Ground
Stamford St
York Road
Waterloo Road
Waterloo
Southwark
The Cut
Webber Street
Blackfriars Road
Union Street
Canvey Street
Southwark Street
Southwark Bridge Road
Borough
Borough High Street
London Bridge
Tooley Street
Weston Street
Bermondsey Street
Shad Thames
Tower Bridge Road
Long Lane
Great Dover Street
Harper Road
Borough Road
Westminster Bridge Rd
Baylis Road
Lambeth North
St-George's Road
Elephant and Castle
New Kent Road
New Kent Rd
Lambeth Road
Kennington Road
Abbey Street
Grange Road
200 m
Clink Street
Stoney Street
Southwark St

VISITER

Les possibilités de visites ne manquent pas au sud de la Tamise, où la culture s' est résolument installée. Les nombreux centres d' intérêt ont l' avantage d' être relativement proches les uns des autres. Le quartier offre un condensé d' architecture extraordinaire et fera le bonheur des amoureux de design. C' est également un endroit idéal pour admirer la Tamise le long de jardins et de quais aménagés.

GRA-TUIT

1. TATE MODERN

Ouvert en 2000 dans une ancienne centrale électrique, c'est le musée d'art moderne et contemporain le plus visité au monde, en grande partie pour son incroyable architecture. Le Turbine Hall, large de 3 400 m² et haut de cinq étages, est particulièrement spectaculaire. Sa collection permanente comprend des chefs-d'œuvre de 1900 à nos jours, notamment de Pablo Picasso, Henri Matisse, Salvador Dali, Mark Rothko, Georges Braque, Jackson Pollock ou Andy Warhol.

Une navette fluviale relie la Tate Modern (Bankside Pier) à la Tate Britain (Millenium Pier) toutes les 40 min.

Bankside SE1 • ⊖ Southwark, London Bridge
020 7887 8888 • www.tate.org.uk/modern
10h-18h dim-jeu, 10h-22h ven-sam • **Gratuit sauf grandes expositions temporaires - Navette : adulte/moins de 16 ans/étudiant 5/2,50/3,35 £**

2. MILLENIUM BRIDGE

Ce pont piétonnier de 370 m, le premier construit à Londres depuis 1894, a donné un sérieux coup de jeune à la Tamise. Créé par l'architecte Norman Foster en collaboration avec le sculpteur Anthony Caro, cette structure futuriste et minimaliste a été inaugurée en 2000, et permet de relier St Paul et la Tate Modern.

Jubilee Walk, entre la Tate Modern et le Shakespeare's Globe • ⊖ London Bridge

3. CITY HALL

Un impressionnant immeuble en verre conçu par Norman Foster, inauguré en 2002, qui abrite les bureaux du maire de Londres. Ultra-écolo, sa forme hybride dérivée d'un cercle (certains disent d'un œuf, d'un casque...) permet d'économiser 25% d'énergie.

The Queen's Walk SE1 • ⊖ London Bridge • 020 7983 4000
www.london.gov.uk• 8h30-18h lun-jeu, 8h30-17h30 ven

5. OXO TOWER

Cette ancienne centrale électrique de la fin du XIXe siècle, convertie en usine alimentaire par la marque Liebig en 1930 pour ses cubes de bouillon Oxo, et reconstruite dans un style Art déco, abrite aujourd'hui des studios et magasins de créateurs indépendants, des restaurants et une galerie d'art.

→ ***Le libre accès à la plate-forme du 8e étage offre une belle vue sur la City.***

Bargehouse Street SE1
⊖ Blackfriars
020 7021 1600
www.coinstreet.org
11h-18h mar-dim

4. DESIGN MUSEUM

Fondé par Terence Conran, le créateur d'Habitat et de The Conran Shop, ce musée a de quoi satisfaire tous les mordus d'objets design et d'architecture. L'immeuble en soi, un ancien entrepôt des années 1950 reconverti dans le style Bauhaus, vaut le coup d'œil.

→ ***Libre accès à la boutique et au café, tous deux très sympas.***

28 Shad Thames SE1
⊖ London Bridge, Tower Hill • 0870 833 9955
www.designmuseum.org
10h-17h45 tlj
Adulte/moins de 11 ans
8,50 £/gratuit

6. SHAKESPEARE'S GLOBE ET ROSE THEATRE

Projet de l'acteur américain Sam Wanamaker, ce théâtre inauguré en 1997 est l'exacte réplique du Globe de Shakespeare, construit en 1599 et démantelé en 1644. Tout y est, de la structure circulaire à colombages au toit de chaume. Époustouflant ! Lorsque des "matinées" ont lieu au Globe, des visites sont organisées au Rose Theatre, le théâtre de Marlowe voisin.

→ ***C'est le seul moment où l'on peut visiter ce dernier, qui a conservé ses fondations du XVIe siècle.***

21 New Globe Walk, Bankside SE1 • ⊖ London Bridge
020 7902 1400 • www.shakespeares-globe.org • 9h-12h30 lun-sam, 13h-17h dim (mai-sept), 9h-17h tlj (oct-avr)
Adulte/5-15 ans/moins de 5 ans 12,50/8 £/gratuit

7. LONDON EYE

Depuis son inauguration en 2000, cette grande roue de 135 m de haut est devenue l'attraction payante n° 1 de Londres. De ses nacelles, la vue est évidemment spectaculaire et s'étend à 40 km : par beau temps, on peut apercevoir le château de Windsor. Un tour complet dure environ 30 minutes.

Réserver en ligne permet d'économiser 40% du prix du billet.

Riverside Building, County Hall, Westminster Bridge Road SE1 • Waterloo
0871 781 3000 • www.londoneye.com • oct-mars 10h-20h tlj • avr 10h-21h tlj • mai-juin 10h-21h dim-jeu et 10h-21h30 ven et sam ; jui-août 10h-21h30 tlj • sept 10h-21h tlj
Adulte/4-15 ans/moins de 4 ans à partir de 15 £/à partir de 7,50 £/gratuit

8. BOROUGH MARKET

Ce paradis de la bonne bouffe démontre que les Anglais prennent désormais la nourriture très au sérieux. Établi en 1754, ce grand marché couvert, à l'origine réservé aux seuls professionnels, s'est ainsi récemment transformé en foire pour les foules de gourmets qui s'y pressent en nombre, du jeudi au samedi, quand il s'ouvre au public.

8 Southwark Street SE1
London Bridge, Borough
www.boroughmarket.org.uk
11h-17h jeu, midi-18h ven, 8h-18h sam

9. HAYWARD GALLERY

Cette galerie d'art contemporain et de photographie, située au sein du Southbank Centre, le plus large espace multiartistique du monde, propose un programme pointu de qualité. L'immeuble qui l'abrite, construit en 1968 et de style "brutaliste ", continue de diviser l'opinion.

Belvedere Road SE1 • Waterloo
0844 875 0073 • www.haywardgallery.org.uk • 10h-18h tlj (22h ven)
Consulter le site Internet pour les tarifs des événements, qui varient.

À TABLE !

10. M. MANZE

VERY CHEAP

PIE & MASH

Plat cockney par excellence, la “tourte et purée” est la spécialité de ce restaurant familial depuis 1902, de même que les anguilles en gelée (pour les plus aventureux). Menu *Pie & Mash* 2,30 £.

87 Tower Bridge Road SE1 • ⊖ Borough
020 7407 2985 • www.manze.co.uk
11h-14h lun, 10h30-14h mar-jeu,
10h-14h15 ven, 10h-14h45 sam

11. TAPAS BRINDISA

TAPAS ESPAGNOLES

Borough Market a de faux airs d’Espagne grâce à ce restaurant aux saveurs authentiques, ouvert par un importateur de produits ibériques. On y trouve même une *jamoneria*, où acheter son jambon espagnol. Plats de tapas 4,50-12 £

18-20 Southwark Street SE1
⊖ London Bridge • 020 7357 8880
www.tapasbrindisa.com
11h-23h lun-sam, 11h-22h dim

VERY BRITISH

12. CANTEEN

CANTINE CHIC

Ce restaurant innovant a beau favoriser une approche informelle de la nourriture (en servant notamment le petit-déjeuner toute la journée), reste qu’il ne lésine pas sur la qualité, tant au niveau du design que du menu. Plats principaux 8,50-18,50 £.

Royal Festival Hall belvedere Road SE1
⊖ Waterloo • 0845 686 1122
www.canteen.co.uk • 8h-23h lun-ven,
9h-23h sam-dim

13. THE TABLE

BRUNCH

Ce café-restaurant au design moderne se fait un devoir de n’utiliser que des ingrédients de saison, ultrafrais et généralement bio. Ses brunchs sont particulièrement populaires. Plats principaux 7-16 £.

83 Southwark Street SE1 • ⊖ Southwark
020 7401 2760 • www.thetablecafe.com
7h30-17h lun, 7h30-22h30 mar-jeu,
7h30-23h vendredi, 8h30-23h sam,
8h30-16h dim

14. TSURU

JAPONAIS

Tenu par trois amis, ce restaurant japonais est à la fois moderne, abordable et de qualité, avec des ingrédients très frais et des recettes authentiques héritées de la famille de l'une des propriétaires. La "tester box" offre un repas complet de sushis pour 7,25 £.

4 Canvey Street SE1 • ⊖ Southwark • 020 7928 2228
www.tsuru-sushi.co.uk • 11h-21h lun-ven

15. WRIGHT BROTHERS OYSTER & PORTER HOUSE

FRUITS DE MER

Ce bar à huîtres animé de Borough Market, où l'on mange perché sur des chaises hautes, propose d'excellents fruits de mer et poissons. Les huîtres – en arrivage des rives anglaises – y sont déclinées en saveurs variées. Demi-douzaine d'huîtres à partir de 13,50 £, plats principaux 7,70-16,80 £.

→ ***Les huîtres "à la japonaise" (au wasabi et gingembre) sont délicieuses.***

11 Stoney Street SE1 • ⊖ Borough • 020 7403 9554
www.wrightbros.eu.com
12-15h lun-ven et 12h-16h sam • 18h-22h lun-sam

16. PIZARRO

TAPAS

Ouvert par le chef espagnol José Pizarro, un habitué des écrans de télé britanniques, ce restaurant mélange "nueva cocina" et tapas traditionnelles avec brio. Tout y est frais et de façon générale excellent. Seul bémol: on y fait parfois longtemps la queue pour décrocher une table. Tapas 5,50-8 £, plats principaux 12-17,50 £.

→ ***Le musée de la Mode se trouve dans la même rue.***

194 Bermondsey Street SE1 • ⊖ Borough
020 7378 9455 • 12h-23h lun-sam, 10h-22h dim

17. FISH!

POISSONS

Situé dans un entrepôt du XVIIIe siècle, ce restaurant spacieux et lumineux – grâce à son toit en verrière – propose de nombreux plats de poissons fraîchement pêchés. Plats principaux à partir de 12,95 £.

→ ***Son annexe, fish! kitchen, offre la possibilité d'acheter un excellent fish and chips très abordable à emporter.***

Cathedral Street SE1
⊖ London Bridge • 020 7407 3801 • www.fishkitchen.com
11h30-23h lun-jeu, 12h-23h ven-sam, 12h-22h30 dim

AUTOUR D'UN VERRE...

VERY CHIC

VERY BRITISH

18. GEORGE INN

PUB HISTORIQUE

Cet ancien relais de poste construit en 1677, jadis fréquenté par Dickens, a la particularité d'être le seul pub à balcons ayant survécu à Londres, ce qui en fait un petit trésor architectural. Sa structure externe, aux galeries en bois, est étonnante. Demi de bière à partir de 3,60 £.

77 Borough High Street SE1 • London Bridge
020 7407 2056 • 11h-23h lun-sam, 12h-22h30 dim

19. TATE MODERN CAFÉ 2

CAFÉ

Une belle vue sur la Tamise depuis le 2e étage de la Tate Modern, où se situe ce café clair et spacieux, à l'ambiance détendue. Sandwichs à partir de 3,35 £ et plats principaux à partir de 8,95 £. Verre de vin à partir de 2,70 £, thé et café 1,70-2,30 £, jus de fruits et smoothies 2,60-3,60 £.

→ ***Les enfants de moins de 12 ans peuvent manger gratuitement quand un adulte commande un plat.***

Tate Modern, Bankside SE1 • Southwark, London Bridge • 020 7887 8888 • www.tate.org.uk/modern/eatanddrink/cafe • 10h-17h30 dim-jeu, 10h-21h30 ven, 10h-19h30 sam

20. OXO TOWER BA

BAR

Ce bar élégant, situé au 8e étage de la tour Oxo et entièrement rénové en 2010, offre une vue imprenable sur la City depuis ses immenses baies vitrées. Le décor, où le blanc et le bleu dominent, s'inspire d'un ancien bateau de croisière : minimaliste et chic. Verre de vin à partir de 5,95 £.

Oxo Tower Wharf SE1 • Blackfriars
020 7803 3888 • www.harveynichols.com • 11h-23h lun-mer,
11h-23h30 jeu-sam, 12h-22h30 dim

21. THE RAKE

BAR À BIÈRES

Ce petit bar, qui appartient aux patrons d'Utobeer, une enseigne de marchand de bières installée à Borough Market, fera le bonheur des amoureux de la cervoise : on y trouve plus de 120 variétés de bières, anglaises et internationales, la plupart provenant de petites brasseries indépendantes.

14 Winchester Walk, London United Kingdom SE1 • London Bridge
020 7407 0557 • www.utobeer.co.uk
12h-23h lun-ven, 10h-23h sam

22. LE PONT DE LA TOUR

BAR ET GRILL

Adjacent au restaurant du même nom, le bar du Pont de la Tour est plus détendu et plus abordable. La vue sur la Tamise depuis la terrasse est magnifique, et un pianiste joue de la musique tous les soirs du lundi au samedi. Cocktails 11,25 £ ; plats à partir de 6,50 £.

Butlers Wharf Building 36D Shad Thames SE1 • ⊖ Tower Hill, London Bridge
020 7403 8403 • www.lepontdelatour.co.uk
12h-15h lun-ven, 12h-16h sam-dim/18h-22h lun-sam, 18h-22h30 dim

23. BLUEPRINT CAFÉ

CAFÉ

Ce café-restaurant, situé au dernier étage du Design Museum, est simple et minimaliste, et possède une vue spectaculaire sur Tower Bridge. En été, ses grandes baies vitrées s'ouvrent sur la Tamise. Verre de vin à partir de 3,80 £.

Design Museum, 28 Shad Thames SE1
⊖ Tower Hill, London Bridge
020 7378 7031• www.blueprintcafe.co.uk
12h-15h/18h-23h lun-sam, 12h-16h dim

24. ROAST

BAR/BRASSERIE

Ce restaurant de cuisine *british* offre une belle vue sur le marché depuis ses baies vitrées... mais il est plutôt cher. Mieux vaut donc en profiter pour prendre un verre. Compter 10-15 £ pour un petit-déjeuner/brunch complet/verre de vin à partir de 5 £.

The Floral Hall Borough Market Stoney Street SE1 • ⊖ London Bridge
020 7940 1300 • www.roast-restaurant.com
7h-23h lun-ven, 8h-23h30 sam

25. WINE WHARF

BAR À VINS

Situé dans un ancien entrepôt victorien rénové en 2000, ce bar moderne est entièrement dédié à la dégustation de vins. On y trouve de grands crus français, de très bons vins italiens, espagnols, australiens, argentins, californiens et autres nouveaux classiques, mais aussi, plus original, des vins serbes, brésiliens, israéliens ou... anglais ! Verre à partir de 3,25 £.

Stoney Street SE1
⊖ London Bridge • 020 7940 8335
www.winewharf.co.uk • 12h-23h lun-sam

Grand Londres

EN DEHORS DES SENTIERS BATTUS

Au sud-ouest de Londres, les quartiers de Chiswick, Kew et Richmond, légèrement surannés, semblent vivre au rythme de la Tamise qui les borde. Leurs nombreux espaces verts accueillent les pique-niqueurs et les amoureux de balades au bord de l'eau, et on y voit passer les équipes d'aviron.

Du côté du Grand Est, les quartiers des bords de la Tamise sont tout en contrastes, entre l'ancien Greenwich aux allures de village, marqué par son histoire navale, et le très moderne Canary Wharf, nouveau quartier de la finance londonienne.

REPÈRES

DES JARDINS HISTORIQUES : Kew et Chiswick (carte p. 148).
LA CAMPAGNE DANS LA VILLE : Richmond (carte p. 148).
LE LONDRES NAVAL : Greenwich (carte p. 152).
LA NOUVELLE CITY : Canary Wharf (carte p. 152).

ESSENTIELS

KEW GARDENS/carte p. 148, ⊙4 : pour les amateurs de jardinage, on ne fait pas mieux que ce superbe jardin botanique classé par l'Unesco (détails p. 151).
BORDS DE LA TAMISE/carte p. 148, ⊙1 : de Hammersmith à Richmond, pour apprécier la vie londonienne au bord de l'eau (détails p. 150).
MARITIME GREENWICH/carte p. 152, ⊙7, 8, 9 : ses bâtiments historiques, (le Old Royal Naval College, la Queen's House et le Old Royal Observatory) sont devenus des musées (détails p. 155).
CUTTY SARK/carte p. 152, ⊙18 : ce navire à voile construit en 1869 pour le commerce du thé est le dernier authentique clipper. Gravement endommagé par un incendie en 2007, il a fait l'objet d'un grand projet de rénovation et doit rouvrir au public courant 2011 (www.cuttysark.org.uk).

Confidentiels

LE BAIN DE LA PRINCESSE CAROLINE/carte p. 152, ⊙19 : dans le parc de Greenwich, près de la roseraie, on peut apercevoir une baignoire construite dans le sol, seul vestige de la résidence royale Montague House, détruite en 1811.
LES SCULPTURES DE THAMES PATH/carte p. 152, ⊙20 : situées en bord de Tamise, à proximité de la salle de concert O2, on peut apercevoir des œuvres d'Anthony Gormley et Richard Wilson, créées pour célébrer l'an 2000.
TRAFFIC LIGHT TREE/carte p. 152, ⊙21 : créée en 1998 par l'artiste français Pierre Vivant, cette installation représente un arbre urbain dont les branches – 75 feux de signalisation – changent régulièrement de couleur.

Le sud-ouest de Londres

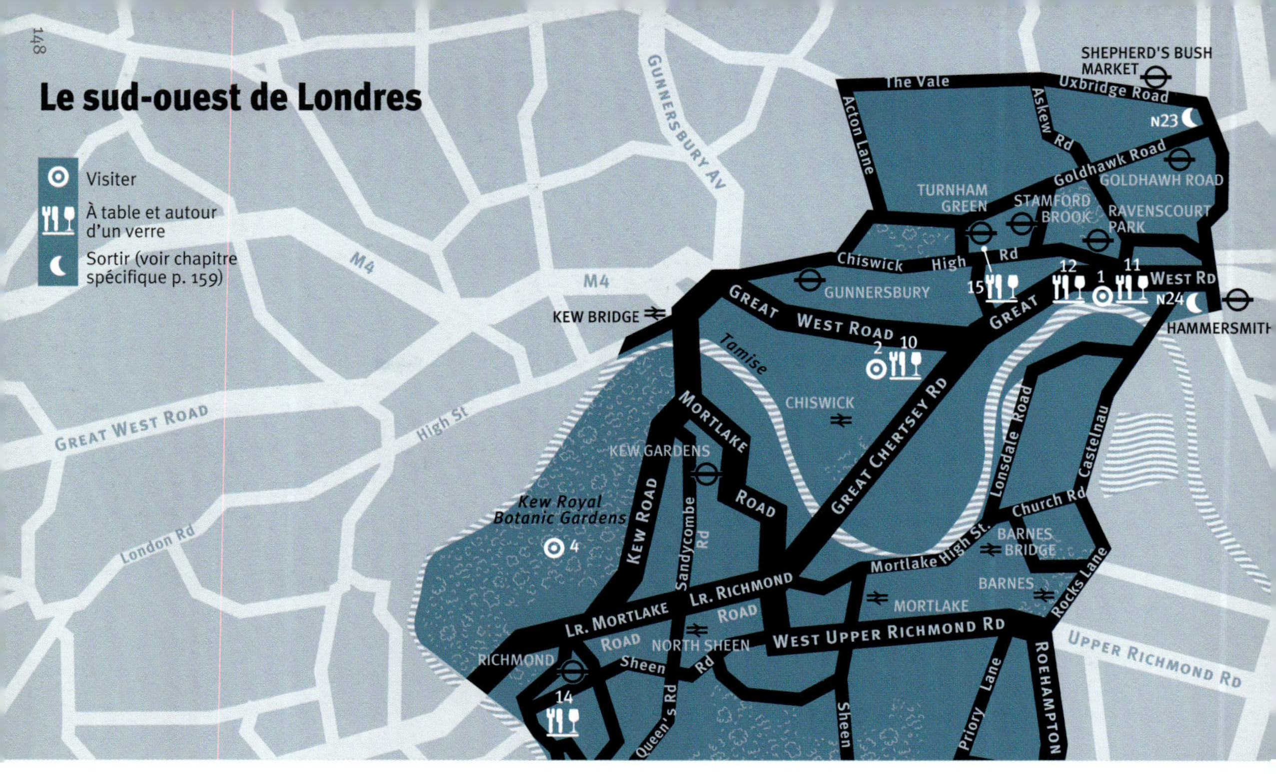

Wimbledon Park Side
Parkside
1 km
LANE
ROEHAMPTON VALE
ROBIN HOOD WAY
BEVERLEY WAY
Ln W
Coombe
Cambridge Rd
Richmond Park
3
Lane
Sawyer's Hill
Kingston Hill
Queen's Road
Park Road
King's Road
Ham Gate Av.
Tudor Drive
13
Richmond Road
KINGSTON
Petersham Road
Dukes Av.
Tamise
Tamise
HAMPTON WICK
Kingston Rd
Sandy Lane
TEDDINGTON
Hampton Court Road
Chestnut Av.
5
Heath Road
Waldegrave Road
STRAWBERRY HILL
Queen's Rd
Hampton Road
FULWELL
Bushy Park
Wellington Rd
High Street
Hampton Court Road
Hurst Road
HAMPTON COURT

LE SUD-OUEST DE LONDRES

VISITER

Rivière et verdure

C' est dans cette partie de Londres, tranquille, cossue et riche en histoire, que les Londoniens se rendent pour faire une pause campagnarde sans pour autant quitter la capitale. On peut y aller par le métro. La compagnie de croisières Thames River Boat propose des navettes à partir de Westminster pour se rendre à Kew Gardens, Richmond et Hampton Court, entre avril et octobre (www.wpsa.co.uk pour les tarifs et horaires).

1. BORDS DE TAMISE VERS RICHMOND

La balade depuis Hammersmith jusqu'à Richmond (12 km), sans doute l'une des plus belles de Londres, suit le parcours de la course d'aviron Oxford-Cambridge. Les rives sont parsemées de maisons du XVIIIe siècle ; un sentier très agréable a été aménagé en 1996. La maison de William Morris, fondateur du mouvement Arts and Crafts, offre un bon exemple d'architecture georgienne.

Kelmscott House Museum,
26 Upper Mall W6
⊖ Hammersmith,
puis 15 min de marche
(suivre les panneaux "Thames Path")
020 8741 3735
www.kelmscottmanor.co.uk
14h-17h jeu et sam uniquement

2. CHISWICK HOUSE AND GARDENS

Ce magnifique parc de 26 ha, réputé pour être le lieu de naissance du jardin anglais, abrite l'une des plus belles maisons palladiennes de Londres, construite en 1729 dans un style évocateur de la grandeur de la Rome antique.

La visite de la maison est payante, mais l'accès aux jardins est gratuit.

Chiswick W4 • ⊖ Turnham Green
puis 15 min de marche
020 7222 1234
www.chgt.org.uk
Jardins ouverts tlj 7h-coucher du soleil ;
maison 10h-17h dim-mer avril-oct
Adulte/5-15 ans/moins 5 ans
5,70/3,40 £/gratuit

3. RICHMOND PARK

Ce parc gigantesque de 1 000 ha – le plus grand espace vert citadin d'Europe – est sans doute le seul endroit à Londres où l'on puisse se promener au milieu des biches ! Terrain de chasse royal depuis le XIIIe siècle, il contient plusieurs bâtiments historiques, dont Thatched House Lodge, un pavillon de chasse du XVIIe siècle.

Surrey TW10 • ⊖ Richmond puis bus 371 ou 65 jusqu'à Petersham • 020 8948 3209
www.royalparks.org.uk/parks • 7h été/7h30 hiver tlj jusqu'au coucher du soleil

4. KEW GARDENS

Créés en 1759, les Jardins botaniques royaux de Kew, qui s'étendent sur 121 ha, sont parmi les jardins les plus importants de ce genre. Classés au patrimoine mondial de l'Unesco, ils possèdent le plus grand herbier du monde, et abritent un parcours suspendu à 18 m de hauteur et une pagode chinoise de 1762.

Accès gratuit pour les moins de 17 ans.

Kew, Richmond TW9
⊖ Kew Gardens • 020 8332 5655 • www.kew.org
9h30-18h30/19h30 week-end tlj sauf 24-25 déc
Adulte 16 £/gratuit pour les moins de 17 ans

5. HAMPTON COURT PALACE

Ce palais Tudor, bâti en 1516 et rénové dans un style baroque au XVIIIe siècle, était le préféré d'Henri VIII. Énorme et opulent, il a le privilège d'avoir son fantôme attitré : celui de Catherine Howard, la cinquième épouse du roi.

La compagnie de péniches Turks organise des tours en bateau reliant Richmond à Hampton Court entre mars et octobre, ce qui permet de découvrir les bords les plus charmants de la Tamise. Le trajet prend 1h45 et il faut donc compter une journée pour l'aller-retour et la visite du palais (www.turks.co.uk).

Hampton Court Palace, East Molesey, Surrey KT8
2 trains/heure depuis la gare de Waterloo, trajet 35 min • 0844 482 7777
www.hrp.org.uk/HamptonCourtPalace
10h-18h tlj avr-oct/10h-16h30 nov-mars
Adulte/moins de 16 ans/moins de 5 ans 16,95/8,50 £/gratuit

Canary Wharf
et Greenwich
Visiter
À table et autour d'un verre
Sortir (voir chapitre spécifique p. 159)
Lower Lea Crossing
Tamise
East India Dock Road
Cotton St
All Saints
Poplar High Street
Poplar
West India Dock Road
Aspen Way
Blackwall
Blackwall Tunnel
Westferry
Westferry St
West India Quay
Canary Wharf
North Colonnade
The South Colonnade
6
21
Heron Quays
Trafalgar Way
Preston's Rd
N26
Marsh Wall
South Quay
Marsh Wall
South Quay
North Greenwich
Edmund Halley Way
Blackwall Tunnel Approach
Millennium Way
West Parkside
20
Westferry Road
Alpha Grove
Millharbour
Limeharbour
East Ferry Road
Tiller Rd
Crossharbour
Manchester Rd
East Ferry Rd
Mudchute Park

A 102
Woolwich Rd
Shooters Hill Rd
Black Wall Lane
Vanbrugh Hill
Mauritius Rd
Christchurch Way
Pelton Rd
Trafalgar Road
Maze Hill
Maze Hill
Maze Hill
Charlton Way
Lassell St
Park Vista
Greenwich Park
17
8
9
Romney Road
7
19
General Wolfe Rd
Shooters Hill Rd
Croom's Hill
King G. St
Hyde Vale
18
Cutty Sark
Creek Road
16
Greenwich South St
Blackheath Hill
Greenwich
Ness Road
Stebondate
Saunders
Manchester Rd
Millwall Park
Island Gardens
Mudchute
Spindrift Ave
Westferry Road
Tamise
Creek Road
Deptford Church St
Evelyn St
Blackheath Hill
400 m

CANARY WHARF ET GREENWICH

VISITER

Espace de contrastes

Les gratte-ciel ultramodernes de Canary Wharf et le O2 sont accessibles depuis le centre de Londres par métro ; le parc, les bâtiments historiques et le centre de Greenwich, tous classés au patrimoine mondial de l' Unesco, ne sont accessibles que par train (Docklands Light Railway : station Cutty Sark for Maritime Greenwich DLR) ou par bus.

6. CANARY WHARF

Si vous désirez découvrir le nouveau Londres, une visite à Canary Wharf, dans les Docklands, s'impose. Construit au début des années 1990 sur d'anciens docks, ce quartier financier ultramoderne, où travaillent près de 70 000 personnes, possède certains des immeubles les plus hauts de Londres (dont le fameux One Canada Square). Juste à côté, on peut voir le Millenium Dome, construit par Richard Rogers en 2000, aujourd'hui reconverti en salle de concert (O2, voir p. 167).

Évitez d'y aller le soir ou le week-end, car le quartier ne vit vraiment qu'aux heures de bureau.

Canary Wharf

7. QUEEN'S HOUSE

GRATUIT

Ce palais, commandé par la reine Anne, épouse de Jacques Ier, en 1616, et terminé en 1636, constitue le premier exemple d'architecture Renaissance en Angleterre. Dessinée par Inigo Jones, sa structure néoclassique est particulièrement remarquable dans le grand hall et dans l'élégant escalier "tulipe" (dont la balustrade en fer forgé représente en fait des fleurs de lys), qui serait hanté...

Greenwich SE10
Station Cutty Sark, sur le réseau Docklands Light Railway
020 8858 4422
www.nmm.ac.uk
10h-17h tlj

8. OLD ROYAL OBSERVATORY

Situé au cœur du parc de Greenwich, terrain de chasse royal depuis le XVe siècle, l'ancien Observatoire royal, établi en 1675, aujourd'hui transformé en musée de l'Astronomie, est la plus vieille institution scientifique de Grande-Bretagne. C'est ici qu'est né en 1880 le Greenwich Mean Time (GMT), c'est-à-dire l'heure londonienne calculée à partir du méridien de Greenwich, qui a servi de base aux fuseaux horaires.

Blackheath Avenue SE10 • Station Cutty Sark, sur le réseau Docklands Light Railway
020 8858 4422 • www.nmm.ac.uk • 10h-17h tlj
Gratuit sauf spectacles du planétarium : adulte/enfant 6,50/4,50 £

9. OLD ROYAL NAVAL COLLEGE

Construit entre 1696 et 1751 sur des plans dessinés par Christopher Wren, cet ancien collège occupe le site de l'ancien palais de Greenwich, lieu de naissance de la reine Élisabeth Ire. Aujourd'hui transformé en musée de l'Histoire maritime, il est considéré comme le chef-d'œuvre de l'architecture baroque anglaise. Sa chapelle et son grand hall se visitent. Adjacent au site se trouve l'ancien navire Cutty Sark, qui a rouvert au public au printemps 2012 après rénovation.

Greenwich SE10 • Station Cutty Sark, sur le réseau Docklands Light Railway
020 8858 4422 • www.oldroyalnavalcollege.org • 10h-17h tlj
Cutty Sark : adulte/moins de 16 ans/moins de 5 ans 12 £/6,50 £/gratuit

À TABLE ET AUTOUR D'UN VERRE

10. CHISWICK HOUSE CAFÉ

VERY CHIC

CHISWICK

Ouvert au printemps 2010, ce café au modernisme élégant et minimaliste, tout en verre et ciment, offre une vue superbe sur la maison et comprend une aire de jeux pour les enfants. En-cas et sandwichs autour de 5 £.

Le gâteau à l'orange et à la lavande est particulièrement délicieux.

Chiswick House & Gardens, Burlington Lane W4
⊖ Turnham Green puis 15 min de marche • 020 8995 6356 • www.chiswickhousecafe.com • 8h30-18h avr-oct/8h30-17h nov-mars

11. THE DOVE

VERY BRITISH

HAMMERSMITH

Ce pub du XVIIe siècle ne manque pas de petites histoires : c'est ici que l'hymne national *Rule Britannia* a été composé ; Charles II et Hemingway ont été au nombre de ses visiteurs, et il possède, paraît-il, le plus petit bar de Grande-Bretagne. Plats principaux autour de 10-12 £.

19 Upper Mall Thames Path W6
⊖ Hammersmith puis 15 min de marche (suivre les panneaux "Thames Path") • 020 8748 5405 www.fullers.co.uk • 11h-23h lun-sam, 12h-22h30 dim

12. THE OLD SHIP

VERY BRITISH

HAMMERSMITH

Ce pub cosy, dont l'intérieur ressemble à un club de voile chic et moderne, dispose de l'une des plus belles vues sur la Tamise depuis sa terrasse. La nourriture y est simple et sympathique, avec un barbecue extérieur le week-end. Plats principaux autour de 10-12 £.

25 Upper Mall, Thames Path, W6
⊖ Hammersmith puis 15 min de marche (suivre les panneaux "Thames Path") • 020 8748 2593 • www.dovehammersmith.co.uk • 8h-23h lun-sam, 8h-22h30 dim

13. PEMBROKE LODGE

RICHMOND

La terrasse de ce ravissant manoir du XVIIIe siècle a été transformée en salon de thé et dispose de l'une des plus belles vues, non seulement sur le parc, mais aussi sur la cathédrale St Paul. Boissons chaudes 2,50 £ et gâteaux 3,10 £.

Richmond Park, Surrey TW10 • ⊖ Richmond puis bus n° 371 ou n° 65 jusqu'à Petersham 020 8940 8207 • www.richmondparklondon.co.uk • 9h-17h30 tlj

14. STEIN'S

VERY CHEAP

RICHMOND

Ce bar en plein air, situé en bord de Tamise, a été ouvert en 2004 par un architecte allemand. Le résultat : bières et saucisses dans un cadre moderne, avec une vue imprenable sur le fleuve. Repas à partir de 7,90 £.

Richmond Towpath, derrière le 55 Petersham Road, Richmond TW10 • ⊖ Richmond • 020 8948 8189 • www.stein-s.com • De mai à mi-octobre: 12h-22h lun-ven, 10h-22h sam-dim mai-oct ; 12h-22h ven-dim nov-avr

15. HIGH ROAD BRASSERIE

CHISWICK

Cette brasserie très animée est l'endroit parfait pour prendre un brunch avant d'attaquer la visite de Chiswick House. Remarquez le sol, tout en carrelage victorien dépareillé : génial. Brunch entre 6,50 £ et 10,50 £.

162-170 Chiswick High Road W4 • ⊖ Turnham Green • 020 8742 7474 • www.brasserie.highroadhouse.co.uk • 7h-23h lun-jeu, 7h-minuit ven, 8h-minuit sam, 8h-22h dim

16. THE GREENWICH UNION

VERY BRITISH

GREENWICH

Ce pub n'a peut-être ouvert qu'en 2001, reste qu'en quelques années il s'est imposé comme une institution locale. Le décor n'a rien d'extraordinaire, mais on n'y sert que des bières artisanales, non pasteurisées et produites en quantités limitées. Bière à partir de 3,50 £.

*➜ **En plus de bières internationales, le pub propose six types de bières faites maison dans sa fabrique de Greenwich.***

56 Royal Hill Greenwich SE10 • ⊖ Greenwich • 020 8692 6258 • www.greenwichunion.com • 12h-23h lun-ven, 11h-23h sam, 11h30-22h30 dim

17. PAVILION TEA HOUSE

GREENWICH

Ce ravissant pavillon, tout en baies vitrées, est situé au cœur du parc de Greenwich, au sommet de la colline. On peut y faire une pause-café ou y manger des gâteaux, sandwichs et tartes salées. Plats principaux autour de 6 £.

*➜ **Vous pourrez y admirer la vue sur la City.***

Charlton Way, Greenwich Park SE10 • ⊖ Greenwich
0208 858 9695
www.pavilionteahouse.co.uk
9h-18h tlj

SORTIR

Petits clubs intimistes ou mégaboîtes, cabarets de drag-queens ou théâtre intello, musique rétro ou tubes de demain... La nuit londonienne ne manque pas de variété. Les Londoniens aiment faire la fête ! Et le phénomène n'est pas nouveau, des music-halls du XIXe siècle aux raves des années 1990, en passant par le *Swinging London* des années 1960, qui a vu l'émergence, dans les clubs de Soho, de groupes pop et rock légendaires. Aujourd'hui, le visiteur a donc l'embarras du choix : côté musique, en concert ou en boîte, on trouve tous les genres, qu'il s'agisse de sons *Britpop* ou électroniques bien sûr, mais aussi de hip-hop, de salsa, de funk brésilien, voire même de musique manouche ou swing des années 1940. À noter cependant : la plupart des établissements ferment relativement tôt (2h ou 3h du matin en général). Mais, contrairement aux pays latins, la nuit commence tôt aussi : ici, pas besoin d'attendre 1h pour aller danser ! Ceux qui ne sont pas emballés par la perspective de suer sur une piste de danse ou dans une salle de concert n'auront évidemment aucune peine à combler leurs soirées. Le théâtre reste une tradition très londonienne, aussi populaire aujourd'hui qu'elle l'était au temps de Shakespeare, comme l'attestent le grand nombre de salles et de pièces de qualité. Du côté des comédies musicales, le West End, surnommé à juste titre "Theatreland", n'a rien à envier à son concurrent new-yorkais de Broadway, avec une offre impressionnante de classiques et de nouveaux spectacles.

SORTIR

Night-clubs

Amateur de mégaclubs industriels aux faux airs de rave, de music-halls rétro, de night-clubs ultraglamour ou de boîtes intimistes à la sélection musicale novatrice ? Quelle que soit votre préférence, vous trouverez un endroit à votre goût.

01 SUPPERCLUB

En dépit de son emplacement sous une autoroute, la branche londonienne du restaurant-bar-boîte d'Amsterdam cultive son sex-appeal, avec un décor ultrablanc futuriste et ses grandes banquettes-lits en cuir sur lesquelles on peut s'allonger. L'ambiance, assurée par un personnel de travestis, de danseuses burlesques et de stripteaseurs/ses, est légèrement décadente, tandis que la musique alterne *lounge* et électro. Il est essentiel de s'inscrire sur la liste pour pouvoir entrer (london@supperclub.com). Entrée 10 £.

12 Acklam Road W10/**Notting Hill** (carte p. 76) • ⊖ Ladbroke Grove
020 8964 6600 • www.supperclub.com
Soirées DJ 23h-3h jeu-sam

02 NOTTING HILL ARTS CLUB

En dépit de sa petite taille et de son décor plutôt basique et grunge, ce petit club en sous-sol, où il est quasiment impossible de s'asseoir, s'est cependant taillé une réputation d'institution auprès de la communauté branchée londonienne. Sa programmation éclectique et pionnière (vous pourrez y écouter de la house sud-africaine ou du funk brésilien) compte parmi les plus intéressantes de la capitale britannique, et lui vaut une clientèle fidèle de connaisseurs. Tarifs variables en fonction des soirées et de l'heure d'arrivée, entre 0 et 8 £ l'entrée.

Consulter le calendrier sur le site pour plus de détails.

21 Notting Hill Gate W11/**Notting Hill** (carte p. 76) • ⊖ Notting Hill Gate
020 7598 5226 • www.nottinghillartsclub.com • lun-dim

03 OLD VIC TUNNELS

Cet ensemble de tunnels victoriens aux faux airs de donjon situé sous la gare de Waterloo, jadis propriété des chemins de fer et acquis par le théâtre de l'Old Vic en 2010, offre à cette partie jadis négligée du sud de Londres un espace versatile très couru. Certaines des fêtes les plus imaginatives de Londres y sont organisées, dont de fabuleux bals masqués décalés très tendance. L'endroit, particulièrement versatile, accueille aussi expositions et pièces de théâtre.

The Old Vic Tunnels, Station Approach Road SE1/**Southbank** (carte p. 138) • ⊖ Waterloo • 020 7993 7420 • www.oldvictunnels.com • Pour les soirées et horaires, consulter le site

04 MAHIKI

La boîte préférée du prince Harry et de sa bande est fun, avec son décor tahitien kitsch à souhait, ses cocktails servis dans des noix de coco et des ananas et sa musique, facile à reconnaître, qui fait la part belle aux tubes des années 1970 et 1980. Un bon plan pour observer la jeunesse dorée londonienne en goguette, et un endroit peu cher compte tenu du quartier et du type de clientèle. Tenue élégante/décontractée conseillée. Cocktails autour de 8 £.

→ *Arrivez avant 21h30 pour éviter de payer le droit d'entrée (10-15 £).*

1 Dover Street W1/**Mayfair** (carte p. 62)
⊖ Green Park • 020 7493 9529 • www.mahiki.com • 17h30-3h lun-sam

05 RUMBA

L'ancien Bar Rumba, connu pour la qualité de sa musique et la participation de DJ innovants, a fait place à une nouvelle boîte bien plus commerciale. Le décor reste simple mais décent (murs de brique, banquettes de cuir, parquet) ; la sélection musicale fait la part belle aux sons dansants, avec un mélange de salsa, hip-hop et R&B, avec de nombreuses soirées à thèmes. Pas chic, disons-le, mais sympa et bon enfant. Entrée gratuite avant 22h, 5 £ avant 23h, 10 £ après.

36 Shaftesbury Avenue W1/**West End** (carte p. 38) • ⊖ Piccadilly Circus
020 7287 6933 • www.barrumbadisco.co.uk
21h-3h lun, mer, jeu, 18h-3h mar, 22h-3h ven et sam, 20h-3h dim

06 PUNK

Kate Moss y a célébré une fois son anniversaire, Lady Gaga y a fait ses débuts, et sa liste de clients comprend Lily Allen, Mario Testino, Mark Ronson, Franz Ferdinand et Paris Hilton... Bref, on fait difficilement plus cool que ce club dont le décor baroque (fauteuils Louis XVI, murs laqués rouges) est aussi peu punk que possible. Belle clientèle et musique fun et variée, avec une sélection qui va de l'électro à la country. Entrée 3-10 £, en fonction de l'heure et du jour.

14 Soho Street W1/**West End** (carte p. 38)
⊖ Tottenham Court Road
020 7734 4004 • www.punksoho.co.uk
21h-2h lun, 22h-3h mer-jeu, 22h-4h ven-sam

07 CAFÉ DE PARIS

Cet ancien cabaret des années 1920 a certes laissé ses meilleures années derrière lui, comme en atteste l'évolution de sa clientèle de célébrités, jadis agrémentée de rock stars et de membres de la famille royale, aujourd'hui plutôt du genre téléréalité. Mais ce restaurant-cabaret-boîte vaut quand même la visite, ne serait-ce que pour son décor littéralement théâtral et ses spectacles burlesque suivis d'after-parties. Entrée à partir de 15 £.

→ *Il est préférable d'envoyer un e-mail à l'avance, pour être sur la guest-list (reception@cafedeparis.com).*

3-4 Coventry Street W1/**West End** (carte p. 38) • ⊖ Piccadilly Circus • 020 7734 7700
www.cafedeparis.com • 19h-3h ven-sam

SORTIR

08 SOIRÉES VINTAGE

Ces soirées rétro, qui se tiennent le samedi, célèbrent la Belle Époque, le Blitz et la Prohibition. Elles recréent décors, concerts, animations et cocktails d'époque, avec pour chaque fête une ambiance bien marquée. Réservation via le site internet, costumes obligatoires ; les lieux et dates varient en fonction des soirées. Billet : 20 £.

www.belleepoqueparty.com
www.prohibition1920s.com
www.theblitzparty.com

09 BETHNAL GREEN WORKING MEN'S CLUB

Cet ancien club réservé aux ouvriers de l'East End ouvre désormais ses portes au public, faisant le bonheur des créatifs branchés du coin, qui viennent prendre une dose de culture cockney dans ses murs. La déco, très années 1970, est kitsch à souhait, et les soirées originales et drôles, à thèmes décalés et mélangeant souvent spectacles et soirées déguisées. Entrée 3-7 £.

→ *Tenue déjantée conseillée.*

42-44 Pollard Row E2/**East End** (hors carte p. 116) • Bethnal Green • 020 7739 7170 • www.workersplaytime.net
Heures d'ouverture variables selon les événements merc-sam

10 FABRIC

Ce mégaclub au décor industriel, qui rassemble jusqu'à 1 500 personnes, porte bien son nom. Il plaira aux amateurs de sons techno et électro. Certains n'hésitent pas à faire le pèlerinage à Londres pour assister à l'une de ses spectaculaires raves, et danser sur son sol "bodysonic", qui vibre aux sons de la musique. Entrée 15 £ (6 £ après 3h).

77A Charterhouse Street EC1/
City (carte p. 126)
Farringdon
www.fabriclondon.com
22h-6h ven, 23h-6h sam-dim

11 BIG CHILL HOUSE

GRATUIT

The Big Chill, un célèbre festival de rock et pop organisé en août dans la campagne anglaise, et qui rassemble le *best of* de la musique *british* (Radiohead, Massive Attack, Lily Allen...), a ouvert cet immense espace en 2005. L'idée : prolonger l'expérience estivale à Londres, grâce à une programmation musicale éclectique mais accessible, choisie par les meilleurs DJ de la capitale, et cultiver une ambiance franchement relax.

257-259 Pentonville Road N1/
King's Cross (hors carte p. 126)
King's Cross • www.bigchill.net
020 7427 2540 •
9h-minuit lun-jeu, 9h-2h ven, 11h-2h sam, 11h-minuit dim

Cabaret

La vogue du burlesque, accompagné d'une tendance croissante à combiner bar, restaurant, spectacle et boîte, a donné lieu à une explosion du nombre de cabarets dans la capitale londonienne. Souvent de très grande qualité, ces endroits offrent la possibilité de réserver une table pour dîner, ou de simplement prendre un verre au bar, en regardant un spectacle, généralement suivi d'un DJ.

12 VOLUPTE

Ce petit club, situé au sous-sol d'un bar de la City, ne dispose que de quelques tables, ce qui rend son atmosphère particulièrement intime. Les spectacles mêlent variétés, comédie et burlesque, et encouragent la participation de l'audience, sur des thèmes souvent décalés, tels que la soirée "Thursgay" du jeudi ou l'"Afternoon Tease" des samedis et dimanches après-midi, un afternoon tea burlesque. Un DJ prend la suite les jeudis, vendredis et samedis soirs.

9 Norwich Street EC4/City (carte p. 126) • ⊖ Chancery Lane • 020 7831 1622 • www.volupte-lounge.com • 16h30-1h mar-mer, 16h30-3h jeu-ven, 14h-3h sam, fermé dim-lun

13 MADAME JOJO'S

Ouvert depuis les années 1960, ce club est un grand classique de la scène londonienne, et attire les fêtards de tout gabarit. Le décor aux faux airs de maison close, tout en velours rouge rétro, constitue la scène parfaite pour ses spectacles, suivis de bonnes soirées DJ. Son spectacle "Kitsch Cabaret" du samedi soir (danses avec serpents, strip-tease, travestis, tours de magie...) demeure le plus populaire. Entrée entre 5 £ et 8 £ ; à partir de 25 £ pour Kitsch Cabaret (réservation obligatoire).

8-10 Brewer Street W1/West End (carte p. 38) • ⊖ Piccadilly Circus 0872 261 0044 • www.madamejojos.com 19h30-3h mar-jeu, ven-sam ; 21h-3h dim, fermé le mercredi

14 PROUD CABARET

Ce bar-restaurant situé dans la City opère un retour vers l'âge d'or du music-hall, entre Hollywood et Montmartre. Décoré par le très cool Russell Sage, qui s'est inspiré d'un bar clandestin de la prohibition, l'endroit propose des numéros de cabaret rétro propices à créer une bonne ambiance, tels que claquettes à la Fred Astaire, artistes burlesques ou groupes de swing. Un DJ prend ensuite le relais... Entrée 10 £.

→ ***Vérifiez sur le site Internet les promotions du moment sur les boissons et les menus, souvent très intéressantes.***

1 Mark Lane à l'angle de Dunster et Mark Lane EC3/City (carte p. 126) • ⊖ Aldgate, Tower Hill 0207 283 1940 • www.proudcabaret.com • 18h30-2h lun-sam

SORTIR

Jazz Londres n'a peut-être pas le statut de capitale du jazz réservé à New York ou à Paris, mais les bonnes salles ne manquent pas. Les amateurs de design en seront pour leurs frais, le décor étant généralement simple et sobre, mais les accros en manque de leur dose de jazz devraient pouvoir trouver leur bonheur parmi les bonnes adresses londoniennes.

15 PIZZA EXPRESS JAZZ CLUB SOHO

Oui, l'idée d'écouter du jazz dans une pizzeria peut surprendre, de surcroît dans la filiale d'une chaîne très grand public davantage populaire auprès des enfants que des amateurs de musique. Et pourtant, le pari lancé par Pizza Express est réussi : son sous-sol, qui peut accueillir une centaine de personnes, offre un programme de jazz contemporain de grande qualité, de Scott Hamilton à John Altman. Billet 12-20 £.

Réservation fortement conseillée.

Jazz Club Soho, 10 Dean Street W1/**West End** (carte p. 38) • ⊖ Tottenham Court Road
0845 6927 017 • www.pizzaexpresslive.co.uk
Ouverture 19h, concert 20h30 tlj

16 RONNIE SCOTT'S

Ouvert en 1959, ce club s'est imposé comme l'un des temples internationaux du jazz, ayant vu défiler sur sa scène des légendes comme Ella Fitzgerald. Si les puristes reprochent aujourd'hui au club son côté touristique et commercial, la sélection musicale, qui mêle jazz et – de façon croissante – pop et world music, reste de bonne qualité. L'aspect "historique" du lieu vaut en soi une visite. Entrée 10-100 £ en fonction des artistes.

Réservation conseillée.

47 Frith Street W1/**West End** (carte p. 38)
⊖ Oxford Circus • 020 7439 0747
www.ronniescotts.co.uk
18h-3h lun-sam, 12h-16h/18h-minuit dim

17 606 CLUB

Recommandé par Jamie Cullum, selon lui "le meilleur endroit pour écouter de la musique à Londres", le 606 reste peu connu du grand public. Ce club intimiste, au décor ultrasimple, a pourtant une renommée internationale pour la qualité de son jazz, dans toutes ses variantes. L'absence de scène et la participation occasionnelle aux concerts de membres du public donnent à la petite salle une atmosphère détendue. Entrée 10-12 £.

Réservation conseillée les week-ends.

90 Lots Road, SW10/**Ouest** (hors carte p. 90) • ⊖ Fulham Broadway • 020 7352 5953
www.606club.co.uk • 19h-1h lun-jeu, 20h-1h30 ven-sam, 12h30-16h/19h-23h30 dim

Concerts

Côté musique, Londres ne déçoit pas, avec une offre qui va de salles intimes d'une centaine de places à la gigantesque O2 Arena. La multitude de concerts en tout genre mêle de nombreux talents locaux aux grands noms mondiaux du rock et de la pop.

18 JAZZ CAFÉ

Considéré par les amateurs comme l'un des meilleurs clubs du monde, le Jazz Café est situé dans une ancienne succursale de la banque Barclay's. Contrairement à ce que son nom indique, il ne s'agit pas d'un club de jazz : la programmation d'origine (du jazz pur) a fait place à une sélection musicale plus éclectique, qui inclut soul, dance, world, funk et hip-hop. Mary J. Blige s'y est produite, et plus récemment Tinie Tempah. Billets entre 5 £ et 25 £ (achat à l'avance obligatoire).

5 Parkway NW1/**Nord-Ouest** (carte p. 106)
⊖ Camden Town • 020 7485 6834
www.jazzcafelive.com • 19h-2h tlj

VERY CHEAP

19 PROUD CAMDEN

Cet espace aux multiples salles, où l'on peut venir prendre un café ou déjeuner le jour, se transforme en bar-restaurant-boîte-salle de concert-cabaret burlesque la nuit, avec un programme souvent de grande qualité – de Gorillaz à Mumford and Sons. Cet ancien hôpital pour chevaux tire parti de son cadre historique, les écuries ayant été reconverties en minisalles où boire un verre entre amis, et modernisées via une déco très psychédélique. Jarvis Cocker est un habitué... Entrée 3-10 £.

Horse Hospital, Stables Market, Chalk Farm Road NW1/**Nord-Ouest** (hors carte p. 106)
⊖ Chalk Farm • 0207 482 3867
www.proudcamden.com • 19h30-1h lun-mer, 19h30-2h jeu-sam, 19h30-minuit dim

Services de nuit

Pharmacies ouvertes jusqu'à minuit (ou plus tard) 7 j/7 Bliss : 5 Marble Arch W1 (⊖ Marble Arch) 020 7723 6116 – Pharmacentre : 149 Edgware Road W2 (⊖ Marble Arch) 020 7723 2336 – Boots : 75 Queensway W2 (⊖ Queensway, Bayswater) 020 7229 9266 –Boots : 44-46 Regent Street W1 (⊖ Piccadilly Circus) 020 7734 6126 – Bowling Chemist : 7 Wardour Street W1 (⊖ Oxford Circus) 020 7439 2607 – 020 7723 2336 – Zafash : 233-235 Old Brompton Road SW5 (⊖ Earl's Court) 020 7373 2798 ; c'est la seule pharmacie ouverte 24h/24. **Urgences (police et ambulances)** 999

SORTIR

20 KOKO

Cet ancien théâtre construit en 1900 a été reconverti en salle de concert dans les années 1970, et a vu passer les Sex Pistols, Madness et Madonna (pour son premier concert britannique), ainsi que Coldplay, Professor Green ou Example plus récemment. Totalement rénové en 2004, il est décoré de rouge sexy, pour s'accorder avec son statut de salle branchée. Billets entre 5 £ et 15 £.

1A Camden High Street NW1/**Nord-Ouest**
(carte p. 106) • ⊖ Mornington Crescent
0870 432 5527 • www.koko.uk.com

22 ROUNDHOUSE

Cette salle de concert légendaire, située dans un ancien garage pour machines à vapeur construit en 1846, a vu passer sur sa scène, dans les années 1960 et 1970, The Rolling Stones, Led Zeppelin, The Doors, David Bowie ou Pink Floyd, mais a choisi plus récemment d'axer sa programmation autour de jeunes talents qui seront les artistes de demain. Billets 20-22 £. Concerts gratuits avec de grands noms de la scène pop-rock-hip hop lors du Festival iTunes en septembre (sur réservation).

Chalk Farm Road NW1/**Nord-Ouest**
(carte p. 106) • ⊖ Chalk Farm
0844 482 8008 • www.roundhouse.org.uk

21 ROYAL ALBERT HALL

Ce bel immeuble classé n'a cessé d'enchanter les amoureux de musique depuis son ouverture en 1871. C'est ici qu'ont lieu les célèbres séries de concerts "Proms" de la BBC, l'été. Mais la programmation ne se limite pas à la musique classique : on peut aussi y écouter du jazz, de la pop ou du rock, et y voir des spectacles (notamment le Cirque du Soleil, qui s'y produit chaque hiver). Prix des billets variable en fonction des spectacles.

Kensington Gore SW7/**Ouest**
(carte p. 90) • ⊖ South Kensington,
puis 15 min de marche
020 7838 3105
www.royalalberthall.com
10h-21h tlj

23 O2 SHEPHERD'S BUSH EMPIRE

Cet ancien théâtre de music-hall de 1903 est aujourd'hui une salle de concert assez intime (2 000 spectateurs), qui a vu passer de grands noms – David Bowie, The Rolling Stones, The Who – ainsi que la plupart des stars actuelles de la scène musicale *british*, de Radiohead à Lily Allen. La sélection musicale y est généralement plutôt pointue, avec de nombreux artistes qui montent, comme les Sud-Africains The Parlotones ou le chanteur hip-hop britannique Tinchy Stryder. Billets entre 13 £ et 35 £

Shepherd's Bush Green W12/
Shepherd's Bush (carte p. 148)
⊖ Shepherd's Bush • 0844 477 2000
www.o2shepherdsbushempire.co.uk

24 HMV APOLLO

Cet ancien cinéma Art déco de 1932, classé monument historique, peut accueillir 5 000 spectateurs et offre une programmation variée de concerts et spectacles de comédie. On peut y voir des groupes de rock classiques comme The Who, des pop stars comme Kylie Minogue, ou de nouvelles stars de la scène *british* comme Pixie Lott et Tinie Tempah. Billets entre 22,50 £ et 75 £.

45 Queen Caroline Street W6/**Hammersmith** (carte p. 148) • ⊖ Hammersmith • 0844 844 4748 • http://venues.meanfiddler.com/apollo

25 O2 ACADEMY BRIXTON

Cette salle de concert d'une capacité de près de 5 000 personnes, située dans un ancien cinéma, offre une excellente sélection de musique. The Clash et les Sex Pistols s'y sont jadis produits. On peut aujourd'hui y écouter des groupes comme The Manic Street Preachers, les Pogues ou Groove Armada. Billets entre 17,50 £ et 40 £.

211 Stockwell Road SW9 • ⊖ Brixton
0844 477 2000
www.o2academybrixton.co.uk

26 O2 ARENA

L'ancien Millenium Dome a été reconverti avec succès en une immense salle de concert, accueillant 23 000 spectateurs assis. La structure circulaire futuriste créée en 2000 par Richard Rogers a été préservée, et demeure la plus grande au monde dans son genre. Spectacles familiaux et événements sportifs y alternent avec concerts de stars du rock et de la pop, de Prince à Lady Gaga. Une autre salle adjacente, IndigO2, d'une capacité de 2 300 personnes, y accueille des groupes plus confidentiels. Billets entre 20 £ et 85 £.

Millenium Way SE1/**Greenwich** (carte p. 152) • ⊖ North Greenwich
020 8463 2000 • www.theo2.co.uk

Transports de nuit

Métro Entre 5h15 et 0h30 (les horaires dépendent des lignes et des stations). Un service de nuit est assuré pendant la nuit du Nouvel An et lors de circonstances exceptionnelles. **Bus de nuit** Signalés par la lettre N, ils sont nombreux et couvrent l'ensemble de Londres. Consultez le site Transport for London (www.tfl.gov.uk). **Taxis** Call-A-Cab : 020 8901 4444 – Dial-A-Cab : 020 7253 5000 – Radio Taxis : 020 7272 0272. TARIFS : prise en charge (jour et nuit) : 2,20 £. Tarif entre 22h et 6h : 20 pence les 91 m ou les 19,7 secondes. Seuls les *black cabs* ont le droit de prendre des passagers dans la rue sans réservation.

SORTIR

Théâtre et danse

La majorité des grandes salles de spectacle londoniennes se trouve dans le West End (qui n'en possède pas moins d'une quarantaine), autour de Shaftesbury Avenue et Covent Garden. La réputation du théâtre anglais n'est plus à faire, et attire depuis quelques années un nombre croissant d'acteurs hollywoodiens sur ses planches (avec un succès mitigé). Quant à l'offre de comédies musicales du West End, elle n'a d'équivalent qu'à Broadway. Mais les spectacles affichent souvent complet et sont chers.

On peut tout de même trouver des billets à moitié prix le jour même, et parfois jusqu'à une semaine à l'avance, en se rendant au guichet de la compagnie tkts (www.tkts.co.uk) sur Leicester Square, la seule compagnie discount officielle accréditée par les théâtres londoniens. N.B. : les prix peuvent varier en fonction des performances et de leur popularité, et les tarifs indiqués ci-dessous sont donc indicatifs.

27 NATIONAL THEATRE

Ce théâtre construit en 1976 et dirigé par Nicholas Hytner ne dispose pas d'une architecture externe des plus joyeuses – quoique enjolivée par ses luminaires roses contemporains – mais constitue un must pour les amateurs de théâtre. Composé de trois salles de spectacles distinctes (Olivier, Lyttleton et Cottesloe), il offre une sélection de pièces contemporaines et classiques à l'excellent rapport qualité/prix. Billets entre 10 £ et 32 £.

Dans la journée, le centre propose des spectacles musicaux ou de danse gratuits (consulter le site Internet).

South Bank SE1/South Bank (carte p. 138)
Waterloo • 020 7 452 3400
www.nationaltheatre.org.uk

28 OLD VIC

Cette salle datant de 1811 a vu passer sur ses planches les noms les plus prestigieux du théâtre moderne anglais, de Laurence Olivier à Ian McKellen, en passant par Alec Guinness, Peter O'Toole, John Gielgud, Judy Dench, Maggie Smith ou Ben Kingsley. L'arrivée en 2003 de Kevin Spacey en tant que directeur artistique n'a fait que renforcer l'attrait de cet excellent établissement, avec la participation régulière de stars hollywoodiennes dans des pièces mises en scène par Robert Altman, Trevor Nunn, Sam Mendès ou Peter Hall. Billets entre 10 £ et 50 £.

Waterloo Road SE1/South Bank (carte p. 138) • Waterloo • 0870 060 6628
www.oldvictheatre.com

29 SADLER'S WELL

Cette salle de spectacle, dédiée à la danse sous toutes ses formes (ballet, claquettes, flamenco, tango, hip-hop...), a été construite en 1998, à l'emplacement de la salle originale, qui remonte à 1683. Le comité artistique, qui inclut Sylvie Guillem, favorise les programmes innovants et créatifs, et accueille des compagnies de danse du monde entier. Billets entre 10 £ et 55 £.

Roseberry Avenue, Islington EC1/ **City** (carte p. 126) • ⊖ Angel
0870 737 7737 • www.sadlerswell.com

30 LYCEUM THEATRE

Ce théâtre construit en 1834 accueille depuis 1999 *Le Roi Lion*, et en conséquence ne désemplit pas, tant ce spectacle demeure populaire auprès des petits comme des grands. La mise en scène très imaginative de Julie Taymor est brillante, les costumes sont somptueux et la musique, écrite par Elton John, fait désormais partie des classiques du répertoire Disney. Billets entre 16 £ et 59 £

21 Wellington Street WC2/**West End** (carte p. 38) • ⊖ Charing Cross
www.lyceum-theatre.co.uk

31 COLISEUM

Cet ancien théâtre de variétés bâti en 1904 abrite l'English National Ballet et l'English National Opera : tous les spectacles qui y ont lieu sont en anglais, et le programme inclut grands classiques (*Faust*, *Don Giovanni*, *La Bohème*...) et œuvres contemporaines, à la mise en scène souvent très innovante. Billets entre 10 £ et 85 £.

St Martin's Lane WC2/**West End** (carte p. 38) • ⊖ Leicester Square, Charing Cross • 0871 911 0200 • www.eno.org

32 ROYAL OPERA HOUSE

La grande dame des salles de spectacle londoniennes, fondée en 1732, a bénéficié d'un énorme programme de rénovation de trois ans, avant d'ouvrir à nouveau ses portes en 2000. La bâtisse majestueuse sert de demeure aux non moins majestueuses compagnies du Royal Ballet et du Royal Opera, dont les spectacles font toujours salle pleine. Le prix des billets varie entre 6 £ et 195 £.

Bow Street WC2/**West End** (carte p. 38)
⊖ Covent Garden • 020 7304 4000
www.royaloperahouse.org

33 SHAFTESBURY THEATRE

Ouvert en 1911, ce grand théâtre de 1 400 sièges s'est spécialisé dans la production de comédies musicales grand public, de *West Side Story* à *Flashdance*. Billets entre 20 £ et 85 £.

Shaftsbury Avenue WC2 **West End** (carte p. 38) • ⊖ Charing Cross
020 7379 5399 • www.shaftesbury-theatre.co.uk

SORTIR

34 DONMAR WAREHOUSE

Ce théâtre, petit par sa taille (250 places), grand par sa qualité, assure la liaison entre la création d'art et d'essai et le grand public. Ses spectacles, pour la plupart des pièces contemporaines classiques réinterprétées de façon moderne, remportent régulièrement l'équivalent britannique des Molières, et s'exportent avec succès à l'étranger, notamment à Broadway. Billets 10-35 £.

41 Earlham Street WC2/**West End** (carte p. 38) • Covent Garden • 0870 060 6624 • www.donmarwarehouse.com

35 THEATRE ROYAL HAYMARKET

Ce théâtre, construit en 1720 dans une architecture néoclassique particulièrement élégante, offre un programme de qualité, incluant des pièces à la mise en scène créée par sa compagnie. Son répertoire va de Beckett à l'adaptation de *Diamants sur canapé*, et ses planches ont récemment vu passer des acteurs comme Vanessa Redgrave, Judi Dench ou Ian McKellen. Billets entre 18 £ et 65 £.

18 Suffolk Street SW1/
West End (carte p. 38)
Piccadilly Circus
020 7930 8800
www.trh.co.uk

36 PALACE THEATRE

Cet ancien théâtre de variétés construit en 1891, qui a vu passer sur ses planches Sarah Bernhardt, Anna Pavlova, Buster Keaton, Nijinsky, Rudolph Valentino et Fred Astaire, s'est spécialisé dans les comédies musicales, de *Cabaret* aux *Misérables* (joué pendant 19 ans, jusqu'en 2004) en passant par *Priscilla, reine du désert*. Billets entre 20 £ et 95 £.

Shaftesbury Avenue W1/**West End** (carte p. 38) • Leicester Square, Charing Cross • 0844 755 0016 www.reallyuseful.com

37 THEATRE ROYAL DRURY LANE

Ce théâtre, qui date de 1663, est l'un des plus anciens de Londres, et demeure le seul à avoir été visité par tous les monarques anglais depuis la Restauration. C'est ici que l'hymne britannique, *Rule Britannia*, a été enregistré. Le programme s'oriente autour de comédies musicales de qualité, souvent américaines, comme *Les Producteurs* ou *Miss Saigon*. Billets entre 15 £ et 95 £.

Catherine Street WC2/
West End (carte p. 38)
Covent Garden
0844 412 2955
www.reallyuseful.com

DORMIR

Si Londres est riche en hôtels, mieux vaut être riche pour pouvoir s'offrir nombre d'entre eux. Même si la récession a poussé les prix à la baisse, le prix des chambres reste élevé, et il faut compter en général entre 100 et 150 £ pour une chambre sympa (et prévoir au moins 300 £ par nuit dans les grands hôtels). Mais il est néanmoins possible de trouver de bonnes adresses offrant un rapport qualité/prix intéressant, en particulier dans les nouveaux “boutique hotels” (hôtels de charme) apparus ces dernières années, qui combinent confort et décoration tendance et personnalisée. Un bon plan consiste aussi à vérifier les sites discount, qui proposent des réductions sur une grande variété d'hôtels (www.london-discount-hotel.com, www.londonnights.com, www.booking.com). Les B&B offrent presque autant de prestations et d'atmosphères différentes qu'il existe d'adresses : entre traditionnel *british* cosy, et déco tendance épurée, il y en a pour tous les goûts, et pour tous les budgets. Les auberges de jeunesse sont assez diverses et personnalisées ; certaines sont mêmes franchement originales et fun. Leur atout, outre bien sûr l'aspect financier, est qu'elles sont souvent centrales. La location d'appartement est un bon moyen de garder son indépendance, et de loger pour moins cher en groupe ou en famille.

N.B. : *les prix indiqués dans ce chapitre n'incluent pas la TVA.*

HÔTELS

EASYHOTEL

VERY CHEAP

City/Barbican :
80 Old Street EC1
⊖ Barbican, Old Street
Earl's Court :
44-48 West Cromwell Road SW5
⊖ Earl's Court
Paddington :
10 Norfolk Place, Paddington W2
⊖ Paddington
South Kensington : 14 Lexham Gardens, Kensington W8
⊖ Earl's Court, Gloucester Road
Victoria : 36-40 Belgrave Road SW1
⊖ Victoria
www.easyhotel.com
Chambre double à partir de 24,50 £

Les cinq filiales londoniennes de la chaîne créée par Stelios Haji-Ioannou, le patron d'easyJet, sont certes spartiates, mais elles ont l'avantage d'être situées dans des quartiers résidentiels accessibles, à South Kensington, Earls Court, Paddington et Victoria, et près de l'aéroport d'Heathrow. Les chambres sont proposées en trois catégories ("petite", "très petite", "minuscule"). Beaucoup n'ont pas de fenêtre, et les murs sont peints en orange : bref, elles ne sont ni design ni très confortables, mais toutes ont un lit double, des toilettes et une douche, donc l'essentiel.

PREMIER INN

London City :
24 Prescot Street, E1 0871
0871 527 8646
⊖ Westminster
London County Hall :
Belvedere Road, SE1
0871 527 8648
⊖ Tower Hill
www.premierinn.com
Chambre double à partir de 49 £

Cette chaîne "petit budget", qui possède 21 hôtels à Londres, dont la moitié dans le centre, est une valeur sûre : les chambres sont modernes et relativement spacieuses, et plusieurs de ses filiales sont idéalement situées à proximité de curiosités touristiques, comme le Premier Inn County Hall et le Premier Inn London City, qui se trouvent respectivement à proximité du London Eye et de la tour de Londres.

DOUBLE TREE BY HILTON HOTEL

Westminster
30 John Islip Street SW1
020 7630 1000
www.doubletree3.hilton.com/en
Chambres à partir de 75 £
⊖ Pimlico, Westminster

Cet hôtel de 460 chambres, situé dans un immeuble moderne en verre, n'a certes pas le charme de la vieille Angleterre, mais les chambres sont confortables, claires et dotées d'écrans plasma et d'i-Mac. Petit plus : une salle de gym et une belle vue sur la Tamise depuis certaines chambres.

HOXTON HOTEL

VERY CHEAP

East End
81 Great Eastern Street EC2
020 7550 100
www.hoxtonhotels.com
Chambres 59-199 £
Old Street

Situé dans le quartier branché de Shoreditch, cet hôtel ultradesign offre un rapport qualité/prix difficile à battre, et un système de réservation emprunté à celui des compagnies aériennes low cost. Les 205 chambres sont petites mais confortables et contemporaines, et le hall d'entrée a un décor de “manoir urbain” postmoderne plutôt cool.

Tous les jours, l'hôtel propose des soldes sur dix de ses chambres, avec cinq chambres à 1 £ (!) par nuit et cinq autres à 29 £ par nuit, sur réservation trois mois à l'avance.

PAVILION

Paddington
34-36 Sussex Gardens W2
020 7262 0905
www.pavilionhoteluk.com
Chambres 60-130 £
Paddington

Incroyablement original et très abordable, ce petit hôtel est une véritable trouvaille. Ses 25 chambres sont toutes décorées de façon individuelle, dans des styles qui mêlent baroque et kitsch. Franchement déjanté, ce qui lui vaut de servir de cadre régulier à des photographes comme Mario Testino, qui y fait poser ses très célèbres modèles. Le comble du maximalisme !

NEW LINDEN HOTEL

Notting Hill
59 Leinster Square W2
020 7221 4321
www.newlinden.co.uk
Chambres doubles 95-350 £ (selon taille et période)
Bayswater, Queensway

Cet hôtel confortable et moderne, situé dans une maison victorienne en bordure de Notting Hill, dispose de 51 chambres au décor contemporain, où dominent les tons neutres (blanc, café, noir), avec un choix de parquet ou moquette selon les goûts. Un petit-déjeuner continental est inclus dans le prix.

Vérifiez les promotions régulièrement offertes par l'hôtel sur son site.

STYLOTEL
Paddington
160-162 Sussex Gardens W2
020 7723 1026
www.stylotel.com
Chambres de 90-130 £
⊖ Paddington

"Pas seulement un hôtel, mais aussi une machine à vivre" : la façon dont il se définit reflète bien l'approche de cet hôtel qui se veut différent, avec son design futuriste où abondent aluminium, verre et acier, et aussi avec ses petits prix. Certes pas chaleureux, mais ultracontemporain, central et abordable.

BERMONDSEY SQUARE HOTEL
South Bank
Bermondsey Square, Tower Bridge Road SE1/
020 7378 2450
www.bermondseysquarehotel.co.uk
Chambres 90-320 £
⊖ Bermondsey, London Bridge

Ce nouvel hôtel de 80 chambres, situé à Bermondsey sur la rive sud, compense un emplacement quelque peu excentré par une décoration rétro-chic très tendance (les références aux années 1960 abondent) et un confort digne des plus grands hôtels. Toutes les chambres ont leur propre i-Mac, et les suites sont particulièrement luxueuses.

SHOREDITCH HOUSE
East End
Ebor Street E1
020 7739 5040
www.shoreditchhouse.com
Chambres à partir de 85-120 £
⊖ Liverpool Street

Situé dans un ancien entrepôt, qui abrite aujourd'hui l'un des clubs privés les plus branchés de Londres, cet hôtel ultradesign offre 26 chambres, petites mais lumineuses, entre chic urbain et déco vintage, dont certaines sont équipées de terrasse avec vue sur la City. Mais le grand avantage de cet hôtel est de permettre l'accès au club, avec sa piscine sur le toit, son jardin suspendu, ses bars et restaurants toujours animés, ainsi que son spa, très chic !

MAYFLOWER HOTEL
Ouest
Chambres 95-315 £
⊖

Cet hôtel de 48 chambres, toutes décorées de façon individuelle, représente le modèle du luxe abordable. Sa décoration orientale mêle couleurs riches, bois exotique et meubles contemporains, tandis que le souci du détail apporte des petites touches chics bienvenues.

PARK PLAZA SHERLOCK HOLMES

MaryleboneChambres 85-249 £
⊖

Situé dans deux maisons adjacentes du XVIIIe siècle, dans la rue du célèbre détective, cet hôtel de 119 chambres est aussi populaire auprès des businessmen que des touristes. Il ne brille pas par l'originalité de son décor, contemporain et neutre, mais il est moderne, central et dispose d'une salle de gym et d'un spa.

40 WINKS

VERY CHIC

Stepney
109 Mile End Road E1
020 7790 0259
www.40winks.org
Chambre simple 105 £ ; double 175 £
⊖-Stepney Green

Cette merveilleuse maison datant de 1717, grandiose et féérique, appartient au décorateur David Carter, qui ouvre ses portes aux visiteurs en proposant deux de ses chambres. Et tout y est exquis, dans un style unique qui mélange opulence orientale, classicisme à la française et excentricité très *british*. En un mot : totalement et incroyablement unique. Seul bémol : le quartier est un peu excentré.

BASE2STAY

Ouest
25 Courtfield Gardens SW5
0845 262 8000
www.base2stay.com
Chambres 89-199 £
⊖ Earl's Court

Cet hôtel contemporain se fait un devoir d'offrir le nécessaire, avec déco moderne, choix de sept types de chambres (de simple à familiale), accès Internet gratuit..., mais sans le superflu. Il n'y a donc pas de baignoires mais des douches, pas de restaurant ni de bar mais une kitchenette et un service de livraison à prix réduit négocié avec des restaurants alentour. "No nonsense" comme disent les Anglais...

APEX CITY OF LONDON HOTEL

City
1 Seething Lane EC3
020 7702 2020
www.apexhotels.co.uk
Chambres 90-370 £
⊖ Tower Hill

Cet hôtel de 179 chambres, situé à proximité de la tour de Londres, est surtout destiné aux hommes et aux femmes d'affaires en visite business : les amoureux de design et d'ambiance personnalisée en seront donc pour leurs frais. Mais ceux qui cherchent un hôtel moderne, central, confortable et bien placé ne seront pas déçus.

FOX & ANCHOR

VERY BRITISH

City
115 Charterhouse Street EC1
020 7250 1300
www.foxandanchor.com
Chambres 115-270 £
Farringdon, Barbican

Situées au-dessus de l'un des meilleurs gastropubs de Londres, dans le quartier branché de Clerkenwell, les six chambres du Fox & Anchor n'ont rien à envier aux meilleurs *boutique hotels* de la capitale britannique : écrans plasma, baignoires en cuivre sur pieds, tons chocolat ou café au lait très tendance, produits Miller Harris... Le "Modern British" dans ce qu'il a de meilleur, tant en style qu'en cuisine !

HIGH ROAD HOUSE

Chiswick
170 Chiswick High Road W4
020 8742 1717
www.house.highroadhouse.co.uk
Chambres à partir de 105-125 £
Turnham Green

Cet hôtel fait partie d'un ensemble agréable qui inclut une brasserie très populaire et un club privé sympathique, fréquenté par de nombreuses personnalités des médias qui habitent ce quartier vert et résidentiel. Ses 14 chambres (de 12 à 28 m^2) sont claires et contemporaines, et offrent un bon rapport qualité/prix.

CUMBERLAND

Marylebone
Great Cumberland Place W1
0871 376 9014
www.guoman.com
Chambres 149-339 £
Marble Arch

Amateurs de *boutique hotels*, s'abstenir ! Avec ses 900 chambres, son hall d'accueil ultraminimaliste au blanc aveuglant, parsemé de sculptures ultramodernes, cette énorme bête n'attirera sans doute pas les esthètes en quête de style personnalisé. Mais il est confortable et tout près de Hyde Park.

NUMBER SIXTEEN

Ouest
16 Sumner Place SW7
020 7589 5232
www.firmdale.com
Chambres à partir de 140 £
South Kensington

Cet hôtel ultrasophistiqué de 42 chambres, situé dans une belle maison victorienne à South Kensington, fait partie du très chic groupe Firmdale, qui possède notamment le Soho Hotel et le Haymarket Hotel. Mais s'il a la même élégance que ceux-ci – avec en plus un ravissant jardin – il est notablement moins cher. Un bon plan donc pour les personnes en recherche de luxe à prix abordable.

Vous pouvez aussi réserver votre hébergement sur www.cheapandchic-lesguides.fr

BOUNDARY

VERY CHIC

East End
2-4 Boundary Street E2
(entrée par Redchurch Street)
020 7729 1051
www.theboundary.co.uk
Chambres 170-500 £ (très grande suite)
⊖ Liverpool Street

De quoi faire saliver tous les amoureux de design... Cet hôtel ouvert en 2009 à Shoreditch, dans un ancien entrepôt, est le premier de Terence Conran, le créateur d'Habitat, et c'est un coup de maître. Chaque chambre a été décorée dans un style différent, soit par Conran lui-même, soit par d'autres designers ou décorateurs, comme Andrée Putman ou Charles et Ray Eames. Le restaurant sur le toit a une vue imprenable sur la City.

SERAPHINE HOTEL

Ouest
7-9 High Street Kensington W8
020 7368 2222
www.seraphinehotellondon.co.uk
Chambres 140-170 £
⊖ High Street Kensington

Ce joli hôtel est idéalement situé, en face de l'entrée de Kensington Gardens et au milieu des commerces de High Street Kensington. La décoration est contemporaine et fraîche, et mélange tons neutres et couleurs vives de façon plutôt réussie. Les chambres sont petites mais confortables.

Réduction de 15% quand on réserve trois nuits ou plus.

ROCKWELL

Ouest
181-183 Cromwell Road SW5
020 7244 2000
www.therockwell.com
Chambre simple à partir de 140 £, suite à partir de 230 £
⊖ Earl's Court

Papiers peints au graphisme très design, meubles contemporains aux lignes pures, tons neutres éclairés de touches acidulées résument le style de ce joli hôtel, qui dispose par ailleurs d'un jardin assez spacieux où se relaxer.

THE PORTOBELLO HOTEL

Notting Hill
22 Stanley Gardens W11
020 7727 2777
www.portobellohotel.com
Chambres 145-320 £
⊖ Notting Hill Gate

Cet hôtel de Notting Hill a acquis une réputation légendaire, tant pour son décor bohème-chic légèrement décadent que pour les folles nuits qu'y auraient passées certains de ses célèbres clients (parmi eux Kate Moss, Johnny Depp et Mick Jagger). Il a l'avantage de disposer d'un beau jardin privé.

DEAN STREET TOWNHOUSE

VERY BRITISH

West End
69-71 Dean Street W1
020 7434 1775
www.deanstreettownhouse.com
Chambres à partir de 130-290 £
Tottenham Court Road

Ce bel hôtel récent de 39 chambres, situé dans Soho, dispose d'un restaurant très populaire auprès des gens des médias, et mêlent confort ultramoderne à un style de décoration "club de gentlemen" très anglais. Toutes les chambres (minuscule, petite, moyenne, plus grande) ont des écrans plasma, des papiers peints à la main, et une multitude de petites touches luxueuses.

On peut trouver des chambres au tarif réduit de 95 £ sur le site Internet.

ROUGH LUXE

1 Birkenhead Street WC1
020 7837 5338
www.roughluxe.co.uk
Chambres 179-289 £
Kings Cross, St Pancras

Cet hôtel de neuf chambres, situé dans une maison classée monument historique, mêle neuf et vieux, luxueux et provocateur, art contemporain et antiquités, pour créer un esthétisme totalement unique, reflétant à la fois la personnalité des propriétaires et le caractère historique de l'endroit.

Certaines chambres doivent partager une salle de bains.

SANCTUM SOHO HOTEL

West End
20 Warwick Street W1
020 7292 6100
www.sanctumsoho.com
Chambres 205-675 £
Oxford Circus

L'hédonisme est à l'honneur dans cet hôtel situé dans un ancien immeuble du MI5, les services secrets britanniques. Les chambres sont décorées de façon opulente et volontairement sexy, dans des styles variés (rococo, Art déco, *Cool Britannia*...). Le Jacuzzi qui surplombe le jardin suspendu est ouvert toute la nuit, et le personnel se fait un plaisir de répondre à toutes les requêtes.

THE ZETTER

City
86-88 Clerkenwell Road EC1
020 7324 4444
www.thezetter.com
Chambres 222-448 £
Farringdon

Ce "petit hôtel doté d'une grande personnalité" est un véritable bijou. Ultracontemporain et chic, il dispose de 59 chambres toutes décorées de façon individuelle, où un certain minimalisme n'exclut ni le confort ni les touches d'excentricité, au travers de décorations murales ou de détails vintage, qui abondent.

Vous pouvez aussi réserver votre hébergement sur www.cheapandchic-lesguides.fr

HAZLITT'S

West End
6 Frith Street W1
020 7434 1771
www.rookeryhotel.com
Chambres 175-850 £
(pour les plus grandes suites)
⊖ Tottenham Court Road

Situé dans un ensemble de maisons datant de 1718, cet hôtel luxueux a tout le charme d'une ancienne grande maison aristocratique – avec le confort en plus. La décoration des chambres est classique (lambris, antiquités, cheminées, lits à baldaquin, rideaux de soie épais...) mais toutes sont dotées d'écrans plasma et autres gadgets, qui les situent fermement au XXIe siècle.

YORK & ALBANY

Nord-Ouest
127-129 Parkway NW1
020 7387 5700
www.gordonramsay.com
Chambres 140-290 £
⊖ Camden

Il s'agit du premier hôtel de Gordon Ramsay, le célèbre chef écossais aux multiples étoiles Michelin. Et il est évident qu'il a appliqué son sens du perfectionnisme aux 10 chambres, situées au-dessus de son excellent gastropub. On y trouve de beaux meubles antiques et tout le confort moderne. Les chambres "classiques" sont un peu petites cependant, mais les "deluxe" sont très romantiques.

Des tarifs réduits (parfois jusqu'à - 50%) sont disponibles sur le site à certaines périodes.

AUBERGES DE JEUNESSE

MEININGER HOTEL LONDON HYDE PARK

Ouest
Baden-Powell House,
65-67 Queen's Gate SW7
020 331 81 407
www.meininger-hotels.com
Chambre simple ou double à partir de 64 £ et lit en dortoir à partir de 28 £
⊖ South Kensington, Gloucester Road

Cette auberge de jeunesse, située dans l'immeuble qui abrite le QG des scouts britanniques, dispose de dortoirs pour 12 personnes (mixtes ou réservés aux femmes), mais aussi d'une quarantaine de chambres avec TV, salle de douche et toilettes. Spartiate et très simple, mais le quartier est très agréable, à deux pas des musées de South Kensington et de Hyde Park.

CLINK 78

VERY CHEAP

Clink 78
78 Kings Cross Road WC1
Clink 261
261-265 Grays Inn Road WC1
020 7183 9400
www.clinkhostels.com
Lit en dortoir à partir de 9 £, chambre individuelle à partir de 40 £
King's Cross

Peu d'auberges de jeunesse peuvent se targuer d'avoir une histoire aussi riche en anecdotes que cette ancienne cour de justice reconvertie. L'ensemble offre un bon mélange d'architecture historique et de design moderne, qui plaira aux plus jeunes. On y trouve des cellules reconverties en chambres individuelles, et des dortoirs (ceux pour les filles sont assez chics).

→ ***Clink 261, sa petite sœur, est située à proximité.***

B&B

MORGAN GUEST HOUSE

Ouest
120 Ebury Road SW1
020 7730 2384
www.morganhouse.co.uk
Chambres 58-158 £ (pour une chambre familiale)
Victoria

La déco de ce B&B familial est très traditionnelle (moquette sombre, tissus fleuris, etc.) mais l'ambiance est cosy et les chambres confortables. La moitié d'entre elles ont leur propre salle de bains. Les autres chambres doivent partager une salle de bains, mais toutes disposent néanmoins de leur propre lavabo. Le quartier, Belgravia, est chic et résidentiel.

B&B BELGRAVIA

Ouest
64-66 Ebury Street SW10
020 7259 8570
www.bb-belgravia.com
Chambres 99-175 £
Victoria

Ce B&B de luxe offre des prestations dignes d'un hôtel quatre étoiles, mais sans le prix qui va avec. Situé dans une maison élégante au cœur du très chic quartier de Belgravia, cet endroit bénéficie d'un décor minimaliste reposant, cool et contemporain, à des années-lumière des sofas et rideaux en chintz traditionnellement associés aux établissements de ce type. Les 17 chambres ont toutes leur propre salle de bains.

→ ***La chambre n°2, qui ne bénéficie pas de lumière naturelle, peut faire l'objet d'une réduction (sur demande auprès de la direction).***

LONDON VICARAGE HOTEL

Ouest
10 Vicarage Gate W8
020 7229 4030
www.londonvicaragehotel.com
Chambres 63-280 £
Notting Hill Gate, Kensington High Street

Parfaitement situé à mi-chemin entre les artères commerçantes de Notting Hill Gate et Kensington High Street, et à quelques minutes de marche de Kensington Gardens et Holland Park, ce B&B familial est accueillant et confortable. La décoration est conservatrice mais assez élégante, et les chambres (dont certaines disposent de leur propre salle de bains) peuvent accueillir jusqu'à quatre personnes.

AROSFA

Bloomsbury
83 Gower Street WC1
020 7636 2115
www.arosfalondon.com
Chambre à partir de 55 £
Goodge Street, Euston Square

Ce B&B est situé dans une maison du début du XIXe siècle, à Bloomsbury, jadis quartier de l'intelligentsia britannique. Il a récemment été refait à neuf, dans un style neutre. Les 15 chambres ont toutes leur propre salle de bains, les plus spacieuses pouvant accueillir jusqu'à quatre personnes.

APPARTEMENTS

STUDIOS@82

Ouest
82 Ebury Street SW10
(réception située au n°66)
020 7259 8570
www.bb-belgravia.com
Studios 99-270 £
Victoria

Ces neuf studios, qui appartiennent aux propriétaires du B&B Belgravia (ci-dessus), disposent tous de salle de bains ou de salle de douche, mais aussi de kitchenette. Les tailles varient, de 12 m² à 73 m² pour le studio en rez-de-jardin, qui peut accueillir jusqu'à cinq personnes : idéal pour les familles ou les groupes d'amis. Comme dans l'autre établissement, la décoration est claire et moderne.